譚 璐美
TAN Romi

中国共産党を作った13人

359

新潮社

中国共産党を作った13人——目次

まえがき 7

第一章 帰国子女だった李漢俊
十五歳で暁星中学校に入学 12
洋科挙としての日本留学ブーム 22
東京帝大二年、ロシア革命の衝撃 28

第二章 維新號事件で検挙された李達
一高に落ちてフランスへ行った周恩来 32
中国版、維新前夜の寺田屋騒動 44
元日本留学組が中国社会主義運動の中核に 53

第三章 西郷隆盛に憧れた周佛海
中国人を魅了した急激之巨魁、南洲 59
中国の西郷隆盛と木戸孝允 67
鹿児島・第七高等学校の中国人留学生 71

第四章 日本びいきの思想家、陳独秀

五回も来日した行動力の男　76
早稲田留学組百名が中華民国国会議員に　89
革命の策源地、広東に共産党を　98

第五章　芥川龍之介が目にしなかった上海
日本から「知識」、ソビエトから「資金」　104
たった一年で八つの共産主義グループが誕生　116
芥川と毛沢東のニアミス　128

第六章　上海に勢ぞろいした社会主義者たち
緊急招集の手紙　131
旅費と宿泊費、食事代込みの上海旅行　138
平均年齢二十七・八歳のエネルギー　146

第七章　中国共産党第一回全国代表大会
早くも学究派と過激派が対立　152
密偵だ！　164
最終会議は南湖の屋形船　171

第八章　一九二七年、李大釗の死、そして李漢俊
張国燾のライバル心によって失われたもの　174
日本留学組が次第に消えていく　187
武漢から届いたメールが語る歴史　202
第九章　十三人の男たちのその後
勝ったのは誰か　207
半分以上は、建国前に犠牲　215
張国燾対毛沢東、勝ち残りトーナメント決勝戦　227
最終章　取り違えられた写真——陳独秀　235
あとがき　248
主な参考文献一覧　251

まえがき

中国共産党が誕生したのは一九二一年七月のことで、孫文の起こした辛亥革命から十年目に当たっている。辛亥革命によって清朝時代は終わりを告げたものの、孫文が志向した共和制の中華民国は軌道に乗らず、軍閥の割拠を許してしまう。同時に、阿片戦争以来の列強による植民地化も進み、外国資本は中国の奥地まで侵食して経済活動を牛耳っていた。労働者や市民は物価の急騰にあえぎ、農民が土地を捨て流民となって都市に押し寄せる混乱の時代だった。

そんな時代に若者たちの前に現れたのが『青年雑誌』（後に『新青年』と改称）だった。発行者の陳独秀は「つつしんで青年に告ぐ」と題して、こう書いた。

「青年は初春のごとく、朝日のごとく、草木のめばえのごとく、とぎすまされたばかりの鋭利な刃のごとく、人生の最も貴重な時期である。社会における青年は、人体における新鮮活発な細胞のごときものである。新陳代謝とは、陳腐老朽なるものに時々刻々と自然淘汰の道を歩ませ、新鮮活発なるものに空間的位置と時間的生命を与える。……自覚とは何か？　青年が新鮮活発であることの価値と責任とを自覚し、みずから卑下してはならないということである。奮闘とは何か？　青年が知識能力を発揮し、陳腐老朽なるものを仇敵あるいは洪水や猛獣のごとく見なして、これを厳しく排撃し、決して近寄らせず、その病毒に感染させられないことである」（『青年雑誌』一巻一号、一九一五年九月。中国語文献は著者訳、以下同）

『新青年』は若者たちの心を鷲摑みにし、新文化運動のバイブルとなり、一九一九年の「五四運動」を引き起こし、一九二一年の中国共産党の誕生に引き継がれた。

しかしながら、中国共産党が最初から確固とした組織であったわけではない。当初は五十人ほどの若いエリートの集まりに過ぎず、上海で行われた最初の会合に顔を揃えたのはわずか十三人の代表だった。彼らは知識も経験も不足し、空論に近い議論を交わした末に、学生サークルに毛の生えた程度の組織を発足させたといっても過言ではないだろう。それにも拘らず、この会合は後に「中国共産党第一回全国代表大会」と呼ばれて、今日の中国では「歴史的壮挙」として扱われている。中華人民共和国が誕生して後、生存者たちは揃って回想録を書き、その回想録をもとに出版された研究書や小説は数百冊にのぼった。

だが不可解なことに、どれほど多くの出版物が世に出ようと、中国共産党の創設当初の歴史には「謎」が多い。一九八〇年代になって歴史検証がはじまった後にも、第一回全国代表大会の「場所」と「時間」は特定されたものの、正式な「代表者」の「人数」はまだ諸説あり、建党の「綱領」も傍証に頼るしかない。

それは中国共産党の歩んできた歴史がどれほど過酷であったかを物語っている。一九四九年に中華人民共和国が成立した後も相次ぐ政治運動と十年に及ぶ文化大革命で、一九八〇年代まで過去の歴史の検証が放置されてきたからである。それだけではない。最大の原因は、第一回全国代表大会の参加者のひとりである毛沢東が神格化されたために、過去の歴史は政治的判断が優先され、毛沢東の栄光の証として再構築された「物語」ができあがってしまったことにある。幸いにも、今日では歴史研究者の努力によって少しずつ真実が明るみに出てきたが、未だに「物語」が完全に消え去ったわけではない。

「謎」はほかにもある。「歴史的壮挙」となった舞台の袖で、日本が果たした大きな役割について触れた出版物が、数えるほどしかないことである。まるで日本の存在を忘れてしまったか、故意に軽んじているようだ。もう一方の舞台の袖には、ソビエトという存在も厳然と控えている。ソビエトと日本が果たした役割を知り、その背後にあった世界的な潮流を見なければ、今日の世界最大の政党・中国共産党は誕生しなかったはずである。

実は、本書の「主役」である中国共産党を作った十三人の男のなかには、日本留学経験者が四人いる。法政大学法科卒業の董必武《とうひつぶ》、東京の第一高等学校に在籍した李達《りたつ》、鹿児島の第七高等学校に在学中だった周沸海《しゅうふつかい》、東京帝国大学土木工学科卒業の李漢俊である。その他の九人の内訳は、北京大学在学中の張国燾《ちょうこくとう》、劉仁静、包恵僧《ほうけいそう》、北京大学卒業の陳公博、済南の高校生だった王尽美と鄧恩明《とうおんめい》。毛沢東、何叔衡《かしゅくこう》、陳潭秋《ちんたんしゅう》の三人は高等師範学校の出身者である。日本留学についてさらに言えば、上海で李漢俊と一緒に活動し、のちに孫文の秘書になった戴季陶《たいきとう》、日本で周沸海より活発な活動家だった施存統《しそんとう》、日本留学からフランス留学に転じた周恩来、その他数多くの留学生がいる。

そして誰より、十三人の男たちの中心的存在だった陳独秀《ちんどくしゅう》は実に五回も日本へ留学し、陳独秀と呼応して指導した李大釗《りたいしょう》は早稲田大学出身である。陳独秀はみなから「父親《おやじ》」と呼ばれ、北京大学教授の李大釗は「長男」とみなされ、男たちは「弟」として、いわばファミリーの関係を取り結んだのである。

本書の趣旨は、日本に留学した四人を中心にして、彼らの見た日本の実像と中国社会を追いつつ、中国共産党を誕生させた十三人の男たちの葛藤を描くことである。若い血潮をたぎらせて懸命に生きた彼らの生涯とは、いったいどんなものだったのか。彼らは日本という国をどう思っていたのか。人生のほんの一瞬、上海の地で顔を合わせたことが、その後の人生にどう影響したのか。彼らの声にならない声に耳を澄ませ、内心の想いを汲み取りつつ、日本という国が彼らに与えたものについても考えてみたい。

第一章　帰国子女だった李漢俊

十五歳で暁星中学校に入学

上海の大地を踏んだ途端、李漢俊は激しい不快感に襲われた。

彼は絞り出すような悲痛な声を、こう記している。

「茫漠として、灰褐色のボロ服が風に揺れる天空の下、人糞と猥雑さと、全身かさぶただらけのような黒い大地に、おびただしい数の黄色い皮膚の痩せこけた、薄汚い群集が集まっている。押し合いへし合い道を行く者や、陽光の下で衣服を脱いで虱をとる者や、室内で布きれを片付ける者や、汚れた布団のなかで力なく呻吟する者がいる。このような光景は、おそらく誰もが地獄の光景だと思うだろう。決して人間のものではない」（「内地を巡ってはじめて眼が覚めたのか？」『新青年』九巻一号、一九二一年五月一日）。

町中いたるところに汚臭と汚物があふれかえる上海には、薄汚く無気力な人々が群がり、ひしめき合って生きていた。その光景が初めて見る者の度肝を抜き、さながら地獄絵のようだと感じさせたのである。

李漢俊は二十世紀初頭の中国には珍しい帰国子女であった。

李漢俊（『中国共産党創建史』より。以下同）

日本で十四年間の留学生活を過ごした後、二十八歳のときに帰国すると、故郷の湖北省へは戻らずに実兄の待つ上海へ行った。そこで見たおぞましい光景が、彼には大きな衝撃であった。日本で見慣れた清潔で整然とした町並みや、質素でも律儀でせっせと立ち働く人々の日常風景とは雲泥の差だと映ったかもしれない。激しいカルチャーショックであったはずだ。そして日本で思い描いていた社会改革の夢の実現が、決して生易しいものではないことを悟ったにちがいない。

彼は三年後の一九二一年七月二十三日、上海の自宅を提供して小さな会合を開いた。北京、上海、広東、日本、長沙（湖南）、武漢（湖北）、済南（山東）等、七つの土地からやってきた男たちは総勢十三人、平均年齢は二十七・八歳であった。ほとんどが初対面に近い男たちの会合は六日間開かれ、自分たちの組織の正式名称を「中国共産党」とつけ、最終日には宣言と綱領を作成した。

この日を境に、十三人の男たちの人生行路は大きく方向づけられ、互いに作用しあいながら歩み出すことになる。とりわけ李漢俊にとって、この会合は生涯にわたって深刻な影響を及ぼす重大なものになった。

李漢俊は、一九二〇年代の日本では「李人傑」の名で知られ、「当代一流の社会主義者」として名声を博した人物だが、そもそも彼はどのようにして日本と縁を結んだのだろうか。

一八九〇年に生まれた李漢俊は、湖北省潜江県（現潜江市）の人である。

潜江は、古く春秋戦国時代（紀元前八世紀〜紀元前三世紀）には強大な勢力を誇った楚の国に属し、豊かな文化を醸成して多くの文人や進取の気性に富んだ武人を生み出した土地柄である。李漢俊の幼名は李書詩といい、号は漢俊、名を人傑という。彼が実兄の後を追うように日本へやってきたのは、わずか十四歳の時のことであった。

実兄の李書城は熱血漢だったようで、洋務運動を推進した清末の官僚・張之洞《ちょうしどう》の資金援助で一九〇二年に日本へ留学すると、孫文に心酔して中国同盟会の発足に係わった。後に北京政府の陸軍総長から国民政府の重鎮にまでのぼりつめた軍人である。彼は東京にある清国人のための予備学校である弘文学院（一九〇六年、宏文学院に改名）で日本語を学んだ後、一九〇四年に陸軍士官学校の予備校である振武学校に転入した。弘文学院については後述するが、十四歳の李漢俊が湖北省の開明派の軍人・呉禄貞の支援で日本へ留学したのは、ちょうどこの年である。

来日早々、おそらく李漢俊は兄の下宿に身を寄せただろう。しかし兄自身も学生の身であれば、ずっと弟の面倒をみるわけにはいかない。翌年、十五歳になった李漢俊が暁星中学校に入学したのは、寄宿舎があったからではないだろうか。寄宿舎に入れば、勉強も日常生活もすべて学校に面倒をみてもらえるからだ。

暁星学園は一八八八（明治二十一）年、フランスとアメリカから来日したカトリック・マリア会の宣教師五名が、当時外国人居留地であった築地に「暁星学校」として開校したミッションスクールである。最初の学生はフランス人一名、ポルトガル人二名、日本人三名で、少人数ながら国際性豊かな教育を施した。間もなく麴町に移転した後、関東大震災、東京大空襲などで校舎が損壊したが、復興して戦後は新制中学として再出発し、現在に至っている。フランス語と英語の語学教育に力を注いでいるのは、創設当初からの大きな特色になっている（学校法人暁星学園「学校案内」より）。

暁星学園には今も李漢俊の学籍簿が残されていた。そこには次のように記されている。

【氏名】　李定。
【族籍】　清国湖北省安陸府潜江県南門外。士族　李金山　次男。
【入学年月日】　明治三十八年四月十日。
【卒業年月日】　明治四十三年三月二十九日。
【入学試験の有無および編入学年】　試験の上、第一学年に編入。

【保護者】　知人、及川常吉、下谷区御徒町一丁目四番地。職業、鉄道学校講師。

当時の東京にあった鉄道学校といえば、一八九七（明治三十）年、神田錦町に開校された「私立鉄道学校」が日本最初のものである。この学校は一九〇一年、下谷（現台東区上野）に移転しており、学籍簿にある保護者の登録住所とは至近距離にある。それからすると、及川常吉という人は、同校の講師であったのではないだろうか。「私立鉄道学校」は一九〇三年、鉄道界に貢献した岩倉具視の名を冠して「岩倉鉄道学校」と改称し、その後幾度か統合を繰り返しながら、現在でも私立岩倉高等学校として存続し、長い伝統と歴史を誇っている。

『早稲田大学百年史』第一巻、第三篇「東京専門学校時代後期」「第二十二表　講師就退任および担当科目」（一八八二年十月〜一九〇二年八月）に、「及川常吉」という名がある。在任期間は一八九八年九月から九九年四月までの僅か半年間だけで、担当科目は国文学（古今集、大鏡）である。時期的にもほぼ符合するので、同一人物である可能性が高い。

いずれにしても及川常吉が李漢俊とどのような知り合いだったのか、詳細はわからない。ただ考えられることは、当時鉄道学校には清国留学生も少なくなかったことから、誰かが講師である及川に李漢俊の保護者を頼んだか、あるいは入学先自体を探してもらったのではないかということだ。もしも及川常吉が、李漢俊が外国人であり、まだ幼さの残る年齢であることを考え合わせて、日本の学校よりも、寄宿舎があり外国人の受け入れに慣れている暁星中学校のほうが安心だと考えて入学全般にわたって世話を焼いたのだとしたら、ずいぶんと配慮の行き届いた人物であったにちがいない。

暁星学園に現存する昔の卒業記念写真を見ると、一八九三年卒業の学生は背広や着物姿で自由な服装をしている。それが一九〇三年以降には黒い詰襟の制服と制帽に統一されている。残念ながら李漢俊が卒業した一九一〇年の卒業写真は残っていないが、卒業名簿は残っていた。この年の卒業生総数は百一人で、そのうち外国人は李漢俊のほかには、韓国人ひとり、華僑らしい中国人がひとりいるきりで、残りは全て日本人であった。

李漢俊の学籍簿の現住所欄には、「本校寄宿」と記されているから、在学中ずっと寮生活を送ったようだ。日本人の学生たちと五年間も起居を共にしたのであれば、彼は日常生活から立ち居振る舞いまで、日本の風俗や習慣にすっかり馴染んだことだろう。

中国に帰国後、多くの人が彼を評して言うには、李漢俊は日本人でも舌を巻くほど日本語が上手く、英語とフランス語も流暢であったという。それはきっと暁星中学校が力を注いだ語学教育に負うところが大きかったにちがいない。今の言葉で言えば、彼は日本語と中国語の完全なバイリンガルであったのだ。

ところで、学籍簿の氏名欄にある「李定」という名前だが、実は「定」の字の上には墨で大きく×印があり、「人傑」と書き直してある。日本では「人傑」という名前は知られているが、「定」というのは聞いたことがない。これはいったいどうしたことだろう。なぜ名前を訂正したのか。あるいは、子供時代には幼名を使い、成長してから正式の名をつける中国人の風習に従って、入学時には幼名を登録したものの、成長して卒業する段階では、大人の名前に改名すべきだと考えて、学籍簿の記録を修正したのだろうか。

元中国社会科学院の研究員で、現在、イギリス在住の研究者の李丹陽女史は、『人傑』という名は、李漢俊が二十歳になった時に正式につけた名前である」という。ということは、二十歳で暁星中学校を卒業する時点で改名したということになる。

李女史は「李定」という名についても考察を加え、李漢俊がペンネームのひとつとして使用した可能性を指摘する。指摘によれば、李漢俊が中国でマルクス主義者として名を馳せた二〇年代前半に、彼は数多くのペンネームを使って論文や著作を発表したが、代表的な翻訳書に『馬格斯《マルクス》資本論入門』(原著はMarcyの『Shop Talks on Economics』。ただし英語版原著ではなく、日本語版である遠藤無水訳『通俗マルクス資本論』、文泉堂、一九一九年から翻訳)がある。その末尾に、次のようなことが書かれている。

「本書を読んだ読者は、次にマルクス経済学説の全体像を摑むために、マルクスが一八六五年に国際労働者協会で行った講演の記録『賃金、価格と利潤(Value, Price and Profit)』を読むことを勧める。自分は目下本書を翻訳中であり、間もなく出版される予定である」

ところが、この講演記録はどうやら翻訳出版されなかったか、あるいは出版されたが散逸してしまい、現存していないのだという。

その一方、李女史は、一九二一年九月刊行の『新青年』九巻五号に掲載された「人民出版社」の出版広告にある「マルクス全書」一覧には、「李定訳、『賃金、価格と利潤』」という書名があることに着目した。

それ以前にもそれ以後にも「李定」という名の著者は存在せず、どうやら「李定」とは李漢俊のペンネームのひとつではないかと推測していたが、証拠が見つからなかった。

それが暁星中学校の学籍簿に「李定」の名があったことから、「出版広告にある『李定』とは李漢俊である可能性が高く……たとえ最終的に出版はされなくとも、李漢俊がこのマルクスの重要な経済学書を翻訳したことはほぼまちがいない」と、「大胆な仮説」を立てたのだという（「李漢俊のマルクス主義著作翻訳情況の検討」李丹陽著、未刊稿）。

ちなみに李丹陽女史は李書城の孫娘であり、李漢俊は彼女の大叔父に当たる。

李漢俊は暁星中学校を卒業すると、名古屋にある第八高等学校を経て、一九一五年七月、晴れて東京帝国大学土木工学科に合格して、中国政府の官費留学生となった。日本語と中国語のバイリンガルで、中学校から日本で厳格な教育を施された李漢俊はよほどの秀才であったのだろう。

東京大学に今も残る学生名簿には、大学入学当初の保証人は、劉震新（湖北沔陽《べんよう》県人）とあり、後に言微（江蘇常熟県人）に変更されている。

当時の住所は東京牛込区白銀町三十三番地。現在の住所でいえば、東京都新宿区白銀町六丁目の相生坂のあたりである。

今では大きなマンションや住宅が建ち並ぶ一角はまるで景観が変わっているはずだが、

現在でも落ち着いた雰囲気があり、僅かながら昔の名残をとどめているようだ。相生坂の途中には、名前の由来を記した標識が建っている。

「坂名の由来について、二つの坂道が並んでいるから（『続江戸砂子』）、小日向の新坂と向かいあっているから（『御府内備考』）、などの説がある」

李漢俊はこの近辺から、帝大生の詰襟服を着て、もしかしたら下駄を鳴らして相生坂を下り、飯田橋から当時の市電に乗って東京帝国大学のある本郷まで通ったのだろうか。休みの日には、三味線の音が漏れる神楽坂の花柳街の界隈をそぞろ歩いたこともあったかもしれない。

洋科挙としての日本留学ブーム

その頃、日本は清国の青年たちにとって注目の的であった。

無血革命ともいえる明治維新を実現し、欧米の文化と科学を吸収して近代化を成し遂げた日本は、一八九五年に日清戦争に勝利した。小国・日本がなぜ大国・清国に勝利したのか。その理由を探れば、日本が軍備を近代化したばかりでなく、西欧文明のあらゆる分野について学び、日本の国づくりに役立てたからだと、清国人は考えたらしい。

さらに、こうも考えたはずだ。もし清国も日本に倣って西洋の近代知識を吸収しようとするならば、言葉もわからない欧米諸国へ行って一から学ぶよりも、同じ文化圏で親しみやすそうな日本で、すでに一度消化された西洋知識の肝心なポイントだけ学ぶほうが、手っ取り早い。なにしろ日本は中国と同じ漢字を使う国だから、日本語に翻訳された欧米の書物を読むのも簡単だろう……。

ひょっとして、彼らは学ぶことの意味をはき違えていたのではないかと、おもう。拙速を求めれば、それ相応のものしか手に入らない。だが、彼らは「質」より「量」を選び、「時間」を優先させたのである。母国の近代化を急げという至上命令に立ち向かうためには、時間こそが最優先課題だったからだ。第一、日本は欧米諸国と比べて距離的に近く、留学費用も安くて済むから、気軽に行くことができるとおもう者が多かったのである。

一九〇二年、日本には五百人の清国人留学生がいた。それが翌年には千人に増え、李漢俊が来日した一九〇四年には千三百人に増加した。そして一九〇五年、日本が日露戦争に勝利したことで、さらに日本への関心が高まった。この年、清国は科挙制度を廃止したため、海外留学を「洋科挙」の資格取得だとみなす者が増えて、空前絶後の「日本留学ブーム」を引き起こした。留学生総数は、一説には一万人とも二万人、三万人ともいわれるが、実藤恵秀は著書『中国留学生史談』（第一書房、一九八一年）で、「八千人程度であったろう」と試算している。

いずれにしても、日本は急増する清国留学生を受け入れるために、日本語学校の創設を迫られた。

李漢俊の兄、李書城が二年間学んだ「弘文学院」は、一九〇二年、嘉納治五郎が私塾「亦楽書院」を発展させて、牛込区西五軒町に開設した中国人の予備学校で、三年間の基礎教育を実施した。

「東京高等大同学校」は一八九九年、梁啓超《りょうけいちょう》が横浜華僑の資金を得て設立した横浜大同学校を拡充し、高等学校や大学、陸海軍学校、専門学校へ入学する人材養成を目的として、牛込区東五軒町に創設した高等教育予備学校である。

もう少し時間が下って、一九一四年に創設された「日華同人共立東亜高等予備学校」、略称「東亜高等予備学校」は、「弘文学院」の日本語教師だった松本亀次郎が、湖南省出身の友人の曾横梅に相談して作ったため、彼に恩義を感じて「日華同人共立」と命名し、神田区中猿楽町に設立した。一九一九年には財界、政界の幅広い支援を得て隣接する土地を買収し、三階建ての新校舎を建設・拡張した。在籍者数は常時一千名に達し、多いときには二千名を超えて、日本最大の中国人の予備学校になった。

教育科目は日本語以外に、英語、数学、物理、化学、絵画などの近代学問があり、卒業生の多くは日本の高等学校や帝国大学を目指したほか、早稲田大学、法政速成科などの私立大学の併設校、女子を受け入れる実践女学校、陸軍士官学校の予備校である成城学校や振武学校などに、毎年百名から百八十名ほどが合格した。同校からは、一九四五年に日本が敗戦し、空襲で焼失して廃校になるまで、延べ一万人以上の中国人留学生が巣立って行ったのである。

さて、李漢俊は東京帝国大学でどのような学生生活を送ったのだろうか。

一九一八年に卒業するまでの三年間の成績を見ると、一年目が六十九・八点、二年目に六十九・一点、三年目も六十七・八点。卒業論文の評価点は六十五点で、あまり芳しい成績とは言えそうもない。

李漢俊自身も成績が悪かったことを気にしていたのだろう。二年後に書いた「私の

『卒業試験』観」という文章に、言い訳がましくこんなことを書いている。

「（日本では）入学して、初めの一、二回の試験でよい成績をとれば、先生の信用を得ることができ、その後も信用されてずっとよい成績をつけてもらえる。もし最初の一、二回の成績が悪ければ、その後もよい成績など望むべくもない。だから私は中学、高校時代の成績はずっと十番を下らなかったが、大学時代の最初の試験で、三科目の試験が終わって四科目目の試験を受ける前の晩、下宿が火事になり、本もノートもすっかり焼けてしまったために打撃を蒙り、結果は惨憺たるものだった。それ以後、成績はずっと後ろから二十番以内であった」（上海の雑誌『星期評論』第四十四号、一九二〇年四月四日）。

どうも彼は一夜漬けが得意だったのではないか。日本では試験を「三、四十回受けた」経験があると書いているほどだから、試験を受けるコツを摑んでいたにちがいない。それが火事で教科書もノートも丸焼けになり、一夜漬けが出来なくなってしまったのなら、パニックに陥っただろう。慌てて顔面蒼白になった様子が眼に浮かんでくるようだ。

それまで得意だった数学も、大学では「応用数学の問題が多く、応用する数式をまだ導き出さないうちに、もう（終了の・著者注）鐘がなってしまう。よい先生だと時間を延ばしてくれるが、意地悪な先生だと、提出が遅れたぶんだけ点数を引かれてしまうから大変だ。それで私はずいぶん損をした。だから試験というものは、まったく当てになるものではない」とも書いている。

試験の成績が人間を評価するための絶対基準ではないとしても、この文脈は少々こじつけが過ぎるように思う。数式を丸暗記することに慣れきっていたのか、応用力がなかったのか、いずれにしても優秀だと自負していたプライドが、おおいに傷ついてしまったのは事実だろう。

実際のところ、この時代の中国人全般の学習方法にも問題があった。清国時代の科挙に合格するためには、常に「死背《スーペイ》」、つまり古文の「丸暗記」の詰め込み教育に終始し、自分の頭で考えたり応用することは要求されなかったのである。李漢俊自身が中学、高校時代に安易な「一夜漬け」方式を覚えたとしても、日本の最高学府の大学ではもう通用しなかったと考える方が自然だろう。だがそれ以上に、李漢俊の成績が振るわなかった本当の理由は、彼の関心がもはや授業ではなく、もっと大きな問題に向かっていたからだ。

東京帝大二年、ロシア革命の衝撃

「ロシア革命」が勃発したのは、李漢俊が大学二年生のときだった。

一九一七年三月、突如ロシアで起こった革命は帝政ロマノフ王朝を崩壊させ、次いで「十月革命」が全ロシアに波及し、レーニンの指導するボルシェビキによってソビエト政権が誕生して、世界へ向けて高々と「社会主義」革命の成功を宣言した。

このニュースは世界に激震を走らせたのと同時に、人々に大きな疑問を湧き起こさせた。

「社会主義」とは、いったい何なのか――。

茫漠として謎に満ちた未知の思想である。果たしてそれは人々を幸福に導くものなのか、世界の現実に起こっている難題を解決する方法なのか。それはどのような原理原則があるのだろうか。人々は好奇心を湧きたたせ、さかんに議論した。

そもそも日本に「社会主義」という思想が最初に入ってきたのは、一八九〇年代末のことだったが、一九一〇年に「明治天皇暗殺計画」を画策した罪で社会主義者たちが逮捕され、幸徳秋水ら十二名が処刑された「大逆事件」が起きて以来、この思想は沈静化され「冬の時代」を過ごしてきた。

それが「ロシア革命」をきっかけにして再燃した。日本で深刻さを増す社会問題や労働問題を解決するため、憲政擁護運動、普通選挙運動など、民主主義的な活動が高まったのだ。吉野作造が掲げた民本主義思想も注目の的だった。「大正デモクラシー」と呼ばれる自由主義的な思想が世間に満ち溢れるなかで、「社会主義」も選択肢のひとつとして再注目されたのである。

一九一八年から翌年にかけて、堺利彦、高畠素之ら社会主義を信奉する知識人は、雑誌『新社会』にマルクス主義の紹介記事を掲載した。高畠はまたカウツキー著『マルクス資本論解説』を翻訳出版した。初版二万部が瞬く間に売り切れ、増刷を重ねてベストセラーになった。山川均の雑誌『社会主義研究』、河上肇の雑誌『社会問題研究』も創刊され、飛ぶような勢いで売れた（『中国共産党成立史』石川禎浩著、岩波書店、二〇〇一年）。

『改造』『解放』などの雑誌も刊行され、猫も杓子も「社会主義」を熱く語り、口角泡を飛ばして大議論した。

こうした日本の風潮を見て、若い中国留学生たちが感化されないはずがない。李漢俊もむさぼるように社会主義についての書物を読み漁った。彼の読書遍歴の詳細は不明だが、東京帝国大学を卒業後、帰国する際に日本の書籍を大量に持ち帰ったとされている。

一九一八年、帰国した李漢俊は兄・李書城が住む上海の家に同居し、日本から持ち帰った書籍を熟読しつつ、日本の社会主義思想の動向にあわせて、数々の論文や解説書を執筆し、『覚悟』『労働界』『小説月報』『星期評論』などに矢継ぎ早に発表した。ちなみに、『星期評論』に掲載したものとして、「新文化運動の武器」「私の『卒業試験』観」「男女解放」「IWW概要（アメリカの『世界産業労働者同盟』運動）」「労働者と『国際運動』」などがある。

『星期評論』は、急進派として鳴らした国民党系の週刊新聞で、社会主義思想に共感した孫文を筆頭に、胡適《こてき》、廖仲愷《りょうちゅうがい》など、多数の進歩派の人々が寄稿したが、主編の戴季陶は李漢俊に負けず劣らず日本通であった。

一八九一年生まれの戴季陶は李漢俊より一歳年下だったが、この時すでに進歩派の論客として名を馳せていた。彼は十四歳で日本へ留学して日本大学法科で学んだ後、帰国して『上海日報』などの新聞の編集を歴任し、「戴天仇」のペンネームで文章を発表した。一九一九年に『星期評論』を創刊し、「馬克斯《マルクス》資本論解説」「馬克斯伝」なども翻訳掲載したが、その後、孫文の秘書として仕えた人物としても知られている。

かくして、李漢俊は帰国後、上海の自宅を共産主義者たちの会合に提供するまでの三年間を読書に明け暮れ、旺盛な意欲で執筆をして過ごすことになる。

第二章　維新號事件で検挙された李達

一高に落ちてフランスへ行った周恩来

後の中国の首相、外相として、卓越した外交手腕を世界中から高く評価された周恩来は、一九一七年九月、十九歳のときに日本へ留学した。だが、当時の周恩来はまだ革命運動に熱中することはなく、ただの目立たない語学留学生の一人にすぎなかった。彼は数ヶ月間日本語を学んだ後に一高や東京高等師範を受験したものの、いずれも不合格になっている。

若い頃の周恩来の写真を見ると、濃い眉と黒目がちの大きな瞳が凜々しく、きりりと結んだ口元が意志の強さを物語っているようだ。一見して聡明な顔つきの青年が、なぜ日本での受験に失敗したのか。後に遺憾なく発揮される外交的な才能も、人々から慕われる慈愛に満ちた性格も、この時分にはまだ芽生えていなかったのだろうか。

いや、そんなことはない。周恩来が来日以前に在籍していた天津の南海学校では、学内の国文最優秀賞を受賞し、数学が得意で、演説がうまかった。また劇団を自ら組織して新劇に没頭し、学校新聞の編集にも携わるほど優秀でやる気満々の学生だった。

ところが、日本留学に際して大きな落とし穴があった。実は天津の南海学校とは、著名な教育家・厳範孫が日本を教育視察した後に、富国強兵を教育の元に据えて設立した学校だったが、アメリカの資金援助を受けたミッションスクールであったのだ。そのため授業は英語で行われ、学生たちは数学の公式も理科の語彙も美術のデッサン用語もすべて英語で習得していたのである。周恩来は奨学金に頼る苦学生だったが、そのぶんしっかりと英語教育を身に付けていたのである。

そのため日本へ留学してみると、せっかく習得した知識が英語であったために、そのままでは役に立たず、改めて日本語で覚え直さなければならないというジレンマに陥った。「中国語→英語→日本語」という二重の煩わしさをこうむった彼は、他の中国人留学生より勉強に手間どり、無駄な時間を費やすはめになったのである。きっと周恩来は愕然としたことだろう。留学の期待と喜びに膨らんだ気持ちが一気に萎えて、苛立ちと焦りが募ったかもしれない。

大正時代に入った一九一二年以降、日本と中国の紛争は次第に激しさを増し、日本にいる中国人留学生たちは祖国と留学先の日本との板ばさみになり、落ち着いて勉強に集中するどころではなくなった。

一九〇五年に日露戦争に勝利して以来、日本は中国東北部からロシアを追い払うとそのまま居座り、中国侵略の足がかりとするべく密かに時期をうかがっていた。一九一四年、第一次世界大戦が起こったのを契機にドイツに宣戦布告すると、ドイツが占領していた山東省の膠州湾を占拠した。翌一九一五年、西欧列国がヨーロッパ戦線に兵力を増強するため手薄になった中国で、日本は中国を代表する北京政府に対して二十一ヵ条の要求を突きつけた。

二十一ヵ条の要求とは、ドイツの山東省の権益を掌中にするだけでなく、南満州から内蒙古、華中に至る広い地域の権益を日本のものとし、北京政府に日本人顧問を置くことを要求するなど、計二十一カ条にのぼる強引な内容であった。中国の人々は亡国的な要求に憤慨し反対したが、五月七日、袁世凱《えんせいがい》の北京政府は日本に最後通牒を突きつけられ、九日に受諾、調印した。

日本でこの報に接した中国人留学生たちは激しく反発した。留学生活を打切って一斉に帰国し、北京政府に撤回を求めて反日運動を展開した。それ以来、中国では屈辱的な出来事を忘れまいと、五月七日を「国恥記念日」と呼んで肝に銘じた。

周恩来が日本へ留学したのは、その二年後の一九一七年のことだった。九月に東京へ到着すると、彼はすぐに東亜高等予備学校へ入学した。そこで明らかになったのが英語と日本語の二重の障壁だった。加えて留学生にとって深刻な政治的事態がもちあがった。それについては後に詳述するが、周恩来は勉強も手につかないまま、時局の情報収集に明け暮れて日々を過ごし、準備不足で受験に失敗したのである。もともと苦学生であった周恩来は、日本の官立学校に合格して中国政府の奨学金を得ることを留学の必須条件にしていたが、その希望が潰えてしまった。持参した乏しい留学資金も底をついた。友人たちから借金をして食いつなぐ日々に、鬱々としてホームシックにも襲われた。日本で書いた日記には、六月十三日（旧暦の端午の節句の日）に「たちまち懐旧の情に囚われ、悲しく」なり、中華料理店の「第一樓」に駆け込んで、母国の味を懐かしんだとある。

一九一八年、周恩来は最後の望みを託して、京都帝国大学政治経済科選科に入学願書を提出した。京都大学に今も保存されている入学願書には、周恩来の直筆でこう書かれている。

「私儀今般御校政治経済科選科ニ入学志願ニ付御試験ノ上御許可相成度別紙履歴書並ニ入学手数料写真相添此段相願候也

大正七年　月　日

族譜中華民国浙江省紹県

宿所東京神田区表猿楽町三番地竹村方

周恩来

中華民国紀元前十三年二月十五日生

京都帝国大学総長医学博士荒木寅三郎殿」

申請の日付は空欄になっている。彼が申請した「選科」とは、一八八六年の帝国大学令（一九一九年に改正）にもとづく制度のひとつで、帝国大学は大学院と分科大学から構成され、現在の学部に相当するのが分科大学である。分科大学は三年制で、全教育課程のうちの一課もしくは数課を選んで専修するのが「選科」である（『学制百年史』第一編第二章第四節一「帝国大学の発足と拡充」、文部科学省ウェブサイト）。

京都帝大政治経済科には当時、社会主義者としてその名を轟かせる河上肇教授がいて、講義は常に学生で溢れていた。周恩来は東京で河上肇の著書を愛読して強い影響を受けたといわれているから、せめて「選科生」として「憧れの人」の講義を直に聴きたいと願ったにちがいない。

だが奇妙なことに、入学願書はいったん提出された後に、取り下げられている。いったい周恩来にどのような心境の変化があったのか。彼が帰国したのは一九一九年四月。おそらく学費の工面がつかずに、申請を取り下げたのだろうが、帰国直前までの半年間、彼は京都帝大へ通う友人の下宿に居候しているので、あるいは友人と示し合わせて教室にもぐりこみ、俗にいう「盗聴」、つまり黙って講義を聴いたこともあったのかもしれない。

日本を離れる直前の一九一九年四月五日、周恩来が京都の嵐山を散策したときに書き記した惜別の詩が残されている。『雨中嵐山』と『雨後嵐山』である。

雨中嵐山――日本京都
一九一九年四月五日

雨中二次遊嵐山、
両岸蒼松、挟着幾株櫻。
到尽処突見一山高、
流出泉水緑如許、繞石照人。
瀟瀟雨、霧濛濃、
一線陽光穿雲出、愈見姣妍。
人間的万象真理、愈求愈模糊、
――模糊中偶然見着一点光明、
真愈覚姣妍。

雨の中を二度嵐山に遊ぶ
両岸の青き松に　いく株かの桜まじる
道の尽きるや一きわ高き山見ゆ
流れ出る泉は緑に映え　石をめぐりて人を照らす
雨濛々として霧深く
陽の光雲間より射して　いよいよなまめかし
世のもろもろの真理は　求めるほどに模糊とするも
――模糊の中にたまさかに一点の光明を見出せば
真にいよいよなまめかし

（蔡子民訳、「周恩来総理記念詩碑建立委員会」資料より）

この詩は現在、京都・嵐山にある亀山公園の中腹に建てられた記念碑に刻まれている。記念碑を作るきっかけになったのは、一九七八年、日中平和友好条約の締結を記念して、中日友好協会会長で日本生まれの政治家・廖承志が訪日した際、京都を訪れて揮毫したことである。

一九一九年春、日本を後にした周恩来は天津へ戻り、後にフランスへ渡って「勤工倹学（働きながら勉強する）」をしながら、在仏中国人留学生で組織した共産党の細胞組織「フランスグループ」のメンバーになるのである。

結局、周恩来が日本に滞在したのは僅か一年半ほどの短い期間であった。そして彼が日本で目ぼしい政治活動をした痕跡は見当たらない。にもかかわらず、彼が日本で書いた日記は注目され続けている。後に中国の「名宰相」として歴史に名を残した人物であるせいもあるが、日記に記された多くの記述が、当時の歴史的記録として貴重な証言になっているからだ。なかでも注目すべきは、一九一八年五月七日の日記である。

ここでは日記を紹介する前に、当時留学生たちが置かれていた状況について、先に少し触れておこう。

一九一八年の四月頃から、留学生たちの耳には、三年前の「国恥記念日」の苦い記憶を呼び覚ますような、日中間の新たな政治的事態が進展中だという情報が伝わってきた。日本政府が、袁世凱亡き後の北京政府を継いだ段祺瑞《だんきずい》内閣との間で、「共同防共」を名目にして、密かに「日華共同防敵軍事協定」を結ぼうとしているという情報だった。

日本はロシア革命が極東に波及するのを阻止するため、シベリア出兵に備えて、内蒙古から外蒙古にかけて日本軍が自由に進駐できる権利を要求し、それと引き替えに、段祺瑞内閣は権力維持のために日本から借款の供与を受けるという密約である。

無論、詳細な内容は軍事機密として公表されておらず、留学生たちがどの程度まで内容を把握していたかは不明だが、日本が中国侵略の野望を露にしたと受け取ったことはまちがいないだろう。

東京にいる留学生たちは騒然となった。決然と授業をボイコットすべきだと叫ぶ者。北京政府へ請願運動を起そうと主張する者。全中国に呼びかけて、反日運動を展開しようという過激なグループもいた。いや、学生の本分は勉強だから、今は勉強に集中しようという少数の穏健なグループもいた。留学生たちは浮き足立ち、各校で授業を放棄して会合を開き、今後の方針を巡って議論が白熱した。

五月七日の「国恥記念日」が近づくと、抗議運動を盛り上げようとする動きが俄かに活発になった。五月五日夜、東京在住の各省の同郷会、各校同窓会から代表が選ばれ、一高倶楽部に集合して、留学生に総帰国を呼びかけ、中国で抗議運動を展開しようと決定した。まず先発隊としてそれぞれ四人の学生を北京、上海へ派遣し、北京と上海の各大学と連携を取りつつ学生集会を開催し、北京政府に対して請願運動を実施する。先発隊の日本出発は第一陣が五月七日、第二陣が八日とする。また、五月六日に代表集会を開いて「大中華留日学生救国会」を正式に組織することも決定した。

その五月六日、ついに「事件」が起きた。

五月七日の周恩来の日記には、緊迫しきった事態のなかでの慌ただしい行動と、前日六日に起きた「事件」について、簡潔に記されている。

五月七日（戊午三月二十七日甲寅）（火曜日）気候：晴れ

【修学】国恥記念

【治事】昨夜は蓬兄のところに泊まり、今朝、冠賢を訪ね、帰国しない真正の方針、および反対派がみずから処す地位について論ず。昼、希天らに会う。午後、希天を横浜に送る。夜、蓬兄らが来る。

【修学】欄には、格言や詩句を書き、【治事】欄には、その日の行動などを記している。

【治事】欄にある「希天」とは、一高予科在学中の王希天のことで、今回の運動の指導者のひとりとして、先発隊にも選ばれていた。この日、北京へ出発する王希天を、周恩来は横浜まで見送りに行ったのである。

ところで、王希天は「悲劇の人」として歴史に名を留めている。彼は、今回の運動が収束した後日本に戻り、一高予科を修了して八高に進学したが、結核にかかって中退。その後、東京で中国人労働者の支援組織を作って活動したが、社会主義者として官憲に目を付けられ、一九二三年、関東大震災が発生した際、混乱に紛れて陸軍の一部将兵に惨殺された。その事実は長く伏せられ、一九六〇年代になってようやく少しずつ証言者が現れて、事実が明るみに出た（『震災下の中国人虐殺』仁木ふみ子著、青木書店、一九九三年）。

周恩来の日記はつづく。

「早大は昨日、授業を放棄して帰国することを議決した。昨日、各省の同窓会の幹事、代表は宴会を名目に維新號に集まり、帰国総機関幹事を選出した。そのあと、日警に拘束されたが、まもなく釈放された。昨日、帰国を議決したなかに広東、浙江などの省があり、今日にいたって各省がすべて議決した」（『周恩来「十九歳の東京日記」』周恩来著、矢

吹晋編、鈴木博訳、小学館文庫、一九九九年）。

中国版、維新前夜の寺田屋騒動

「事件」というのは、五月六日の晩、東京神田の中華料理店・維新號に集まった留学生たちが、日本の警察に大量検挙されたことを指す。ここでは「維新號事件」と呼ぶことにしよう。事件の経緯を少し詳しくご紹介したい。

留学生たちはこの日、帰国して反日運動を盛り上げるために「大中華留日学生救国会」を結成し、官憲の目をごまかすために宴会を装って秘密会議を開いた。秘密会議にしたのは、日本政府が一九〇五年、清国政府から強い要望を受けて「清国留学生取締規則」を作り、留学生の集会を禁止し、反清革命活動に走ることを厳しく監視するようになっていたからである。

秘密会議に参加した留学生の一人、王拱璧が書いた『東遊揮汗録』の中に「七年『五七』之前夕」と題した事件の記録がある。さねとうけいしゅう氏の『中国人日本留学史』（くろしお出版、一九六〇年）に収められた、その文章の抄録を元に、当晩発生した事件の様子を再現してみよう。

午後七時頃、二階の宴会場で会議が始まった。主席が開会の辞を述べはじめた。

「昨晩、各省同郷会および各校同窓会の連合会を開いて、留学生全体が帰国するという問題が全員一致で決議され、救国の組織大綱が決定された。……上海へ帰国するものは真っ先にジャーナリズムに連絡し、文章で宣伝させる。同時に政府に電報で懇願し、密約を否認させる。各省の長官に通電して政府に反対させる一方、国民大会を召集して政府の後ろ盾となるよう呼びかける。……北京に向かうものは政府が調印しないよう懇願し、国民各界を呼び覚ます必要がある……」

その時、廊下で見張り番をしていた学生が咳払いした。皆事前の打ち合わせ通りぴたりと話をやめて、料理を食べ出した。

数十名の警官と刑事数人がどやどや駆け込んでくると、いきなり学生たちを殴りつけて足蹴にした。テーブルがひっくり返り、椅子が飛んだ。騒然とする中で、学生が抗議した。

「なにをする。我々学生を侮辱する気か！」

「きさまらが集会を開いて治安を乱すからだ」

「何の証拠があってそんなことを言う。こんな野蛮な行為は文明国だと言っているあなた方の品位を汚すものだぞ」

「証拠など必要ない。貴様らはまだしらばっくれるのか。貴様らチャンコロが文明だなどとほざくのは、チャンチャラおかしいや！」

警官はそう言うと、まだ何か言おうとする留学生に向かって激しいビンタを何度も食らわせ、一人ずつ縛り上げた。逃げ出そうとする学生の耳を摑んで引っ張りあげ、ビンタを食らわせる。

「野蛮な警官だなあ」。その声を聞きとがめた警官は、留学生を捕まえると、「馬鹿やろう、口答えするか、このチャンコロめ！　ぶっ殺してやるぞ」と罵りながら、激しくビンタを食らわせた……。

その後の様子を、別の学生も次のように記している。

「縄で縛られた者、重傷を負って歩けない者もいた。女子大と師範大、美術学校から参加した三人の女子学生のうち、趙さんという女性は警官の獰猛な所業に恐れをなし、二階の窓から飛び降りて左足を捻挫して身動きできず、結局二人の女子学生ともども捕まって縛り上げられた」（上海、『民国日報』一九一八年五月十八日付）。

『東遊揮汗録』によれば、秘密会議に参加した留学生四十六人は全員検挙された。後ろ手に縛られ、徒歩で西神田警察署まで連行される留学生の中には、帽子を失い制服が裂けた者、頭から血を流している者、足を引きずっている者もいた。みな無言で歯を食いしばり、毅然とした態度を示した。連行の途中で留学生の集まる「中華キリスト教青年会館」を通り過ぎると、二階の窓から留学生たちが悲壮な面持ちで見守った。

道の筋向いの床屋のおやじが、「チャンコロの馬鹿やろう、大日本帝国の威光を知らねえか」と、怒鳴った。

「中華キリスト教青年会館」に隣接する下宿屋「上野館」に住む留学生たちは、部屋ごとに窓から帽子を振り、手を上げて声を限りに叫んだ。

「中華民国万歳！　救国団の幹部万歳！　頑張って前進し、今夜の屈辱を忘れるな！」

後ろ手に縛られた留学生たちは彼らを見上げて大きく頷き、視線で応えた。

その光景を見ていた雑貨屋の主人は鼻で笑い、「馬鹿なシナ人だ！」と吐き捨てた。

西神田警察署に到着した一行は、暗い房に押し込められ、衣服を脱がされて猿またひとっくになり、身体検査を受けた。女子学生は幾度も頼んだ末に、ようやく別室で身体検査を受けることができた。

警官はぞんざいな態度で一人ずつ呼び出し、氏名、年齢、本籍を尋問した。二時間後にようやく全員の尋問が終わると、署長が出てきた。胡坐をかいている留学生を目ざとく見つけると、「生意気だ」と言いざま、靴で蹴り上げて拳固で殴りつけた。それから延々と侮蔑の言葉を吐いた。

釈放されたのは明け方だった。夜通し西神田警察署を取り巻いていた留学生たちは口々に「万歳！」を叫んで、解き放たれた留学生たちを迎えて労った（前出『中国人日本留学史』）。

この事件の舞台になった「維新號」は、現在でも経営されている老舗の高級中華料理店である。創業は一八九九（明治三十二）年で、浙江省寧波出身の鄭余生が神田の今川小路（現神田神保町三丁目）に小さな店を開いた。当時の神田にはすでに留学生が多数住んでいたため、中華食材雑貨店と簡易食堂を兼ねた店はすぐに人気になった。簡易食堂ではピータン、塩玉子、焼き飯、肉入り麵、豆腐料理、豚肉野菜炒めなど、ごく簡単な料理を出すだけだったが、それでも下宿先でほとんど油物を口にできなかった留学生たちは喜び、口伝《くちづて》で評判が広まって留学生たちの溜まり場になった。

『維新號』という屋号そのものが、実は留学生がつけたのですよ」と言うのは、現在の「維新號」の三代目経営者鄭東静氏の弟で専務取締役の鄭東耀氏である。

「留学生たちが店に集まり、料理を食べながら祖国の未来について話し合う中で、日本が明治維新で近代化を成し遂げたように、祖国の未来もそうあって欲しいと願って『維新號』と名づけたのです」

当時、留学生のひとりだった郁輔祥も「維新號」に足繁く通ったらしい。彼は後に中華民国総統になった蔣介石との思い出を、次のように振り返っている。

「一九〇九年（清・宣統元年）私は日本の東京高等学校（一高のこと）で学んでいて、神田の下宿屋のひとつに住んでいた。ふたりの同郷の友人の紹介で蔣介石と知り合った。蔣介石の言うには、自分は北洋練兵処から振武学校へ派遣されて勉強しているとのことだった。振武学校は日本が中国人専門に作った陸軍予備学校で、授業は普通中学のレベルで体育や軍事教練に割合重きを置いていた。卒業後は日本人と同じく陸軍で十八ヶ月の兵役を務め、その後士官学校へ入ることができた。……蔣介石は科学的頭脳がひどく悪く、とくに数理方面が劣り、よく教科書持参で友人に教えてもらいにいった。知り合って以来、彼はしばしば我々を訪ねてきた。……彼が日本陸軍に入隊するとき、我々は維新(號)料理店で彼の送別会を開いた」(「関与蔣介石二、三事」『寧波文史資料』第四輯、郁輔祥著、中国人民政治協商会議寧波市委員会文史資料研究委員会編、一九八六年)。

「維新號」に集まる留学生たちの話題は時代とともに変化した。創業初期の明治時代はもっぱら清朝打倒運動に花が咲いた。それが大正半ば以降、日本の中国侵攻と留学生に対する思想統制が厳しさを増すに連れて、反日運動や反帝国主義運動について議論沸騰することが多くなった。

大正中期になると、中華料理は日本人にも親しまれるようになり、神田には「維新號」のほかにも「中華第一楼」「会芳楼」「漢陽楼」など中華料理店が十数軒に増え、日本人が経営する日比谷の「陶々亭」「山水楼」、虎ノ門の「晩翠軒」、茅場町の「偕楽園」などは、中国人コックを雇って大規模に営業した(雑誌『味の手帖』連載「中華料理・百科事典」、鄭東静、鄭東耀著、一九九四年)。

鄭東耀氏は長い日中の歴史の中で起こった「維新號事件」を振り返って、今、感慨深げにこう口にする。

「大げさな表現かも知れませんが、中国版、維新前夜の寺田屋騒動を彷彿させるものがあります。我田引水のようですが、中国改革運動の歴史の中で、ほんの片隅にでも、こうして維新號が登場することに、私は緊張感と大きな感動を覚えてなりません」

留学生が検挙された事件の現場であったことで、「維新號」は一時官憲の監視下におかれたが、幾人もの健啖家の日本人有力者の支援で切り抜け、戦前戦後の苦難の時代も乗り越えた。現在では、日本全国にいくつも支店を持つ中国料理の名店として知られている。

もう一度、「維新號事件」の当時に戻ろう。

警察の仕打ちに憤慨した留学生たちは、続々と帰国していった。

東京朝日新聞（一九一八年五月十一日付）には、「帰国する支那学生四百名に達す。関係学校は休校同様」という記事が掲載された。

「在留支那学生の帰国するもの昨今非常に多く今十一日横浜発日本郵船伏見丸に便乗の申込を為したるもの百八十名明十二日横浜出帆山城丸にて帰国する者約七十名ありと、尚東京市内のみならず留学生の動揺は各地にあり、仙台の東北理科大学、二高等に在学する民国留学生三十四名は七日頃より同盟休校をなし東京と連絡をとりつつあるが十七日には一斉に帰国し再び日本の地を踏まずと憤慨し居れる……」

一斉に帰国した留学生の数はこれに止まらなかった。

警視庁の調査によれば、東京で授業ボイコットを実施した留学生は九十六パーセントにのぼり、中国側統計でも、全留学生三千五百四十八名中、七十パーセントに当たる二千五百六名が退学し、帰国した（『李達』『中共一大代表叢書』、鄭恵ら主編、宋鏡明著、河北人民出版社、一九九七年）。

誠に惜しいことをしたとおもう。本来ならば、日本に憧れて来日し、近代的な知識を吸収した留学生たちは、中国に帰国後は各地で指導的な役割を担うはずである。日本をよく理解する彼らこそ、日中関係の前途にとって最も大切な人材となるべき人々であった。だが現実には、日本に対する憤懣と憎悪の念を抱いて立ち去ったのだ。

歴史の皮肉ともいうべき事態が発生したのは、無論、日本が軍国化を進めて中国侵攻を企てたからに他ならない。その一方では、日本の教育界が留学生たちに真摯に施した教育と恩恵が水の泡と消えてしまったことが、まことに残念でならない。「科学」は

「政治」を超越するが、「政治」は「科学」を豪腕で押さえ込むのである。日本の一般社会についていえば、続々と帰国する留学生たちを横目で眺めつつ、庶民もメディアも総じて無理解で、冷淡な態度を示したのであった。

元日本留学組が中国社会主義運動の中核に

ここまで長々と「維新號事件」の顚末をご紹介したのは、逮捕された留学生の中に、本書の重要な登場人物の一人、李達が含まれているからである。

事件当時、東京の第一高等学校の学生であった李達は名を庭芳、字を永錫、号を鶴鳴という。一八九〇年、湖南省零陵県冷水灘（現永州市）の小作農の家に生まれている。かの地は春秋戦国時代に楚国に属し、冷水灘という名は清朝時代の県丞（県知事）であった徐大綸が命名したものとされる。

李達は子供のころから聡明で学業に優れていたため、一九〇九年には燕京師範学堂に入学する予定であったが、近代革命の祖である孫文に憧れて日本行きを志し、一九一三年、二十三歳で湖南省の留日官費生試験を受けて第二位で合格し、日本留学の夢を摑ん

李達

だ。

　ところが来日直後に結核になり、翌年には帰国。故郷で薬剤店の手伝いをしながら療養に努め、回復した後の一九一七年に二度目の来日を果たした。当時は結核が少なくなかった時代である。

　彼は日本でも毎日十数時間勉強したようだ。そして見事に第一高等学校に合格した。勉強態度は極めて熱心で、「実業で救国」しようと理科に力を入れたという。

　だが、勉強一辺倒だった李達の身にも、政治の厚い壁が立ちはだかった。「維新號事件」で検挙され、直後に帰国して北京へ行き、北京大学などの学生たちと合流して北京政府に協定の撤回を促す請願運動に参加したが、北京政府は聞く耳を持たなかった。失望した李達は思案した挙句、再び東京へ戻った。

　三度目の留学に及んで、李達の気持ちは大きく動いていた。もはや理科の勉強を極めて「実業で救国」する望みはない。マルクス主義こそ「救国の思想」であると感じて研究に没頭した。河上肇の著作をはじめ、日本で出版されているマルクス主義に関する書籍をむさぼり読み、熱に浮かされるように論文を書きはじめた。

一九一九年、李達が初めて書いた論文「社会主義とはなにか？」は、上海の新聞『民国日報』の副刊（別刷り）『覚悟』に投稿し発表された。李達は論文のなかで「社会主義」と「共産主義」の違いについて、こう指摘する。「社会主義とは生産と支配を共有し、私有資本を全廃せよと主張するが、私有財産の全廃を主張するものではない。それに対して、共産主義は私有財産を全廃し、資産を社会で共有して共同生活を主張するものである」。そして「両者は並存せず、共産主義は社会主義の究極の理想である」とし、中国は「未だその段階にはいたっていない」と説いた。

また「無政府主義（アナーキズム）」との違いも指摘し、「無政府主義とは、個人主権の哲学であり、政府の統治を受けず、いかなる国家組織をも認めないもの」だと示し、中国人にとって未知の思想を分かりやすく紹介した。

次いで、論文「社会主義の目的」を発表し、「女子解放論」では唯物史観の基本理念を紹介し、さらに「戦前の欧州社会党運動の情況」を執筆して、立て続けに九編の論文を『覚悟』に掲載した。

そしてわずか二年余りの日本滞在中に、李達は多くの書籍を読破し、中国語に翻訳して帰国後、次々に発表した。その中には、『社会問題総覧』全三巻（中華書局、一九二一年四月、原著は高畠素之著『社会問題総覧』、公文書院、一九二〇年）、『唯物史観解説』（中華書局、一九二一年五月、原著は、H. Gorter, Der Historische Materialismus, 1909だが、翻訳したのは日本語版の『唯物史観解説』、堺利彦訳、大鐙閣、一九二〇年）、『女性中心説』（商務印書館、一九二二年一月、原著はLester Ward, Pure Sociologyだが、日本語版の『女性中心と同性愛』、堺利彦、山川菊栄共訳、アルス、一九一九年）などがある（前出『中国共産党成立史』）。

その間にも、日中両国の関係は混迷を深めていった。

一九一九年、パリ講和会議で西欧列強は世界の再分割を意図して話し合った。中国は山東省のドイツ権益を中国に返還するよう求めたが受け入れられず、米、英らは日本がドイツ権益を引き継ぐことを支持した。中国では前年の「日華共同防敵軍事協定」の締結に反対した学生運動の余韻も醒めやらず、反日、反帝国主義運動が一気に高まった。

五月四日、北京の学生デモ隊と軍警察が激しく衝突した。学生たちは北京政府の親日派の官僚、曹汝霖《そうじょりん》の屋敷を焼き討ちし、多数の学生が逮捕された。その情報は瞬時に広まり、全国各省の議会は抗議声明を発し、学生は授業をボイコットし、商工業界ではストライキに突入して、俄かに大衆運動へと発展した。

学生運動の思想的バックボーンになったのは、陳独秀の提唱した「新文化運動」だった。中国伝統の儒教思想を批判し、封建的な制度や文化風習を退け、文語文の代わりに平易な白話文（口語文体）を用いて文章を書こうという呼びかけは、若者たちに新鮮な驚きと歓喜で迎えられた。陳独秀が主宰する雑誌『新青年』は学生たちの人気の的となり、ひっぱりだこだった。学生たちは争って回し読みをするなかで、敏感に新時代の息吹を感じ取った。『新青年』には、アメリカに留学中の胡適が発表した『文学改良芻議《すうぎ》』につづいて、魯迅の実験的小説『狂人日記』が掲載されて、初めての白話文の小説として一世を風靡した。

李達が帰国したのは一九二〇年八月。九月六日に上海に到着すると、彼は陳独秀に面会を求めて意見交換した。陳独秀はすでに『覚悟』に掲載された李達の論文を読んでいたため話は早く、すぐに陳独秀が力を注いでいる社会主義の普及活動に参加するよう誘いかけ、李達はその場で応じた。李漢俊、戴季陶ら元日本留学生を中心に活動していた上海グループは、一九二〇年六月に「中国共産党」と名称も定めていたが、李達が加わったことで一層活気を帯びた。やがて彼らは中国共産党を全国的な組織として立ち上げるための中核的存在になっていく。

第三章　西郷隆盛に憧れた周佛海

中国人を魅了した急激之巨魁、南洲

上海で中国共産党の第一回全国代表大会が開かれたとき、日本から参加したただひとりの男、周佛海はまだ鹿児島の第七高等学校の学生だった。

湖南省沅陵県出身の周佛海が日本へ留学したのは一九一七年。東京で日本語を習得し、第一高等学校予科で学んだ後、一九一八年九月、晴れて鹿児島の第七高等学校造士館（現鹿児島大学）に合格した。

その鹿児島で丸三年の学生生活を過ごし、間もなく夏休みに入ろうとする一九二一年

周佛海

六月末、彼は東京にいる友人の施存統から手紙を受け取った。封を開くと、上海発の簡単な手紙も同封されていた。

七月二十日に上海にて会議を開催するので参加せよという内容だった。「緊急招集」であることはすぐにわかった。

おそらく周佛海は喜んだはずだ。全国大会の開催日は七月二十日。学校が夏休みに入る七月十一日を待って鹿児島をたっても、まだ間に合う。故郷へ帰省するついでに上海へ寄り、数日間滞在して会議に出席すれば事足りるのだ。施存統の手紙によれば、参加者には旅費として百元が支給されるという。こんな好都合な話はないにちがいない。

東京にいる施存統は、日本へ来てまだ一年しかたっていなかった。

浙江省出身の施存統は、杭州第一師範学校に在学中の一九一九年、近代思想に感化されて『浙江新潮』に書いた論文「非孝」が過激思想だとされて退学し、北京で社会主義運動の実験的集団「工読互助団」に加入した。しかし三ヶ月で活動が頓挫したため、上海へ移って戴季陶が主宰する「星期評論社」の事務員として働いた。そこで持病の結核が悪化し、戴季陶の勧めで日本へ転地療養に行くことにした。

一九二〇年六月、戴季陶の紹介状を懐に、東京にいる宮崎滔天の息子・宮崎龍介を訪ねると、そのまま宮崎の自宅に身を寄せて東京同文書院で日本語を習いはじめた。施存統が来日した目的は、転地療養だけではなかった。日本の社会主義者たちと知り合って上海と取り結び、中国の啓蒙運動の一助にするようにと、戴季陶から言い含められていた。日本に留学中の中国人学生たちに社会主義運動を広め、同志を集めて「日本グループ」を組織しようという気持ちもあったが、同志集めはなかなか進まなかった。

一九二一年六月、上海から「緊急招集」の手紙を受け取った時のことを、施存統は後にこう書いている。


「『日本グループ』はまだ二人しかいなかった。私と周佛海である。僕たち二人は上海で開かれる大会へ参加する日本代表の座を互いに譲り合ったが、最終的に周佛海が出席することになった。というのも、周は長いこと帰省していなかったからだ」（「中国共産党成立時期的幾個問題」『〝一大〟前後』〈二〉、中国社会科学院現代史研究室、中国革命博物館党史研究

室編、人民出版社、一九八〇年〜一九八四年)。

周佛海が長年帰国していなかったというのは施存統の勘違いだろうか。周佛海は前年の一九二〇年の夏休みにも帰省している。帰省の途中で上海へ立ち寄り、『新青年』編集部を訪ねて陳独秀と話し合い、即座に社会主義の啓蒙活動に加わった。そして秋の新学期直前に日本へ戻ると、陳独秀に紹介された施存統と会い、ふたりで「日本グループ」を作ったのである。

もしかしたら施存統の脳裏には、二ヶ月前の四月十九日に周佛海から受け取ったばかりの手紙の印象が強かったのかもしれない。周佛海は施存統に宛てて、こんな手紙を書き送っていた。

「昨日、(陳)独秀の来信に接す。曰く上海、湖北、北京各処の同志と協商す。我等両人を駐日代表となし、日本同志と連絡せしめんとす。日人の間には我等の間に此の団体[共産党]あるを知らざる者多し。我等は正に尽力せざるべからず。但し、我には二個の困難あり。(一)我は明年鹿児島を去る。此の一年間、此の偏僻の地方に居住しては、何事も出来ない。(二)我大学の志願は京都に在り。然し、日人と連絡するには矢張り不便なり。以上二個の困難あり。我は代表の虚名を擁し、実に慚愧に堪えず。之を(陳)独秀に転告を請う。君は東京に居るから非常に便利である」(「過激派其他危険主義者取締関係雑件　外国人之部支那国人、外秘乙第五六〇号要注意支那人ノ件」一九二一年四月二一九日、外交史料館所蔵)。

陳独秀については次章でご紹介するが、この手紙の中で、「東京にいるから便利である」と周佛海が羨むほど、施存統は自由に行動していたわけではない。彼は便利な東京で日本人の社会主義者として有名だった堺利彦や高津正道、山川均、近藤栄蔵らを訪ねて知り合い、上海の戴季陶、李漢俊、李達らとの間で盛んに手紙のやり取りをしていたために、日本の警察の目に留まり、この時期すでに厳重な監視下に置かれていたのである。それに気付いた施存統は、自分のせいで上海の活動にも影響が出ることを用心して、自分が上海の全国大会へ参加することを断念し、周佛海に代表の座を譲った。

もっとも、そうした一連のやり取り全てをすでに警察に察知され、周佛海から施存統に宛てた前記の手紙も検閲されていた事実を彼が知っていたかどうかは不明だ。日本で多くの社会主義書籍に触れた施存統は、社会主義諸学説の中でも特にマルクス主義に傾倒して、積極的に翻訳しては上海の雑誌に投稿するようになったが、活発な活動が災いして警察に逮捕され、事情聴取を受けた後に、国外追放処分に処せられた（前出『中国共産党成立史』）。

ところで、留学生・周佛海はなぜ留学先として日本の首都・東京ではなく、わざわざ鹿児島の地を選んだのだろうか。その理由について周佛海自身が言及した資料は見当たらない。だが、どうも鹿児島出身の西郷隆盛と無縁ではなさそうである。

実はかなり最近まで、日本へ来る中国人が東京見物の筆頭に挙げていたのは、上野公園にある西郷隆盛の銅像であった、という事実を知る日本人はそれほど多くはないだろう。それは日本の明治維新に寄与した西郷隆盛こそ、中国が新時代に立ち向かう際の理想的なモデルとして崇められ、真の英雄として語り継がれてきたからである。

話はそれるが、中国人の間に伝説的に伝わる西郷隆盛について、ここで少し触れておこう。

二十世紀初頭、つまり清朝末期から中華民国初期にかけて、最も早く西郷隆盛を評価したのは康有為《こうゆうい》の弟子・梁啓超だったようだ。学者で思想家の梁啓超は、彼が師と仰ぐ改良主義者の康有為に従い、一八九八年に光緒帝を擁して政治改革運動「戊戌変法」に参加したが、失敗して日本へ亡命した。そして横浜に仮住まいしつつ、清朝の変革と維新を唱えたことから「保皇派」と呼ばれた。同じく日本に亡命していた孫文とは犬猿の仲で、清朝打倒を掲げる過激派の孫文ら「革命派」と激しく対立した。そのことから梁啓超は「穏健派」とも呼ばれるが、実際には進取の気性に富んだ改革者で、それほど穏健だというわけでもなかったようだ。

梁啓超は後年、『清代学術概論』や『中国近三百年学術史』など多くの名著を残して、一九二九年に五十六歳の若さで亡くなったが、彼は著書『戊戌政変記』の中で、西郷隆盛について次のように言及している。

「即ち日本について論ずれば、幕末藩士、一人として急激之徒でないものがあろうか。(吉田) 松陰、(西郷) 南洲とりわけ急激之巨魁なり。試みに問う、この急激がなければ、明治維新は成就したろうか」(「中国近代史における西郷隆盛像」中村義著、『東京学芸大学紀要』第三部門、社会科学、第三十九集、一九八七年十二月)。

明治維新は急進勢力が作ったのであって、吉田松陰と西郷隆盛の二人はその中でも大ボスだというのだ。梁啓超の急進ぶりもかなりのものだと言えそうだ。

ちなみに日本の近代化への移行が「明治維新」と呼ばれるのに倣って、「戊戌変法」を別名「戊戌維新」と呼ぶ人もいる。中国の近代化を望む人たちは、まだ見ぬ理想の未来を思い描いたとき、日本が果たした明治維新をひとつの道しるべと考え、その時代に活躍した日本人に大きな関心を持ったのである。

孫文、康有為、梁啓超の三人は、揃って中国南方の広東省の出身である。広東人の気質を中国語では「敢想《ガンシャン》、敢説《ガンスオー》、敢做《ガンツオ》」と言い表す。建設的に考え、大胆に主張し、果敢に行動するという意味である。平たく言えば、曲がったことが嫌いで思ったことはすぐ口に出し、即座に行動してしまう直情径行型の熱血漢タイプ。広東省は清朝末期から民国初期にかけて多くの革命家が出たことから、「革命の策源地」とも呼ばれてきた。

かたや、孫文を支えた日本の支援者たちの中には、頭山満、宮崎滔天、内田良平ら九州出身者も少なくない。「九州男児」という言葉で表現される気骨ある気風は、おそらく広東人気質とも一脈通じるものがあったのではないだろうか。中国近代史を先導した中国人たちが、西郷隆盛の中にも同じ熱血漢魂を見出したのだとしてもおかしくはない。

さらに言えば、中国近代史の中には、「中国の西郷隆盛」と称された人物が登場する。黄興《こうこう》――という人である。

中国の西郷隆盛と木戸孝允

湖南省出身の革命家で、原名は軫、号は克強という。一九〇二年に日本へ留学して弘文学院・速成師範科で学び、帰国後、「華興会」を創設して湖南省で革命運動に身を投じたが失敗し、日本へ亡命した。日本人の親友・宮崎滔天に紹介されて孫文と知り合い、意気投合して「中国同盟会」を結成すると、早稲田大学に在籍しながら機関誌『民報』の発行に尽力し、孫文に次ぐナンバー2として辛亥革命に導いた。

性格は朴訥として口数が少なく、豪胆な武人肌の人だったらしい。身長は百六十センチぐらいで小柄だが、ずんぐり小太りで骨太の体格をしている。写真を見ると、意志の強そうな目元と真一文字に伸びた太い眉。小鼻の張った太い鼻筋の下には、ぽってりした肉厚の唇がある。情に厚く誠実な人柄を物語っているようだ。風貌がどことなく西郷隆盛に似ているのも印象的だ。

黄興自身も西郷隆盛に心酔していたようで、一九〇九年一月、日本に亡命中に宮崎滔天に案内されて一度鹿児島へ足を運んでいる。旅行の目的は西郷隆盛の眠る南洲墓地に墓参りすることだった。その目的を果たした後、彼は墓前で次のような詩を詠んで西郷を偲んだ。

八千子弟甘同塚　幾千もの弟子が師とともに墓に眠る
世事唯争一局棋　世事はただ一局の囲碁の争いなり
悔鋳当年九州錯　ただ悔やむは往年の九州の変（西南戦争）の敗北なり
勤王師不撲王師　勤皇の戦いはもとより天皇の軍を撲滅する意にあらず

桜島を見晴るかす高台の南洲公園の一角に、二〇〇七年九月、黄興がかつてこの地を訪れたことを記念して石碑が建てられた。南洲墓地に向かって静かに対座するように建てられた石碑には、上記の詩文が刻まれている。

熊本出身の宮崎滔天は、孫文と黄興の関係を、木戸孝允と西郷南洲の関係に見立てて、

「中国の薩長聯合」と評したという話もある。

黄興は一九一六年十月三十日、上海で胃潰瘍のために急死したが、東京朝日新聞（一九一六年十一月一日付）は訃報を大きく報じ、「革命の一生」と見出しをつけて黄興の人生を紹介し、生前親しかった犬養毅や寺尾亨らのコメントを紹介した。

「支那の大西郷……一口に彼を評せば底力の知れぬ丁度我が西郷南洲の如き人物であった。彼は平生から深く南洲に私淑し、南洲の経歴言行等に就て細大と無く調べて居ったが、彼の南洲に髣髴たる偶然で無い……」（法学博士寺尾亨氏談）。

「氏は革命党の領袖中でも非常に調和性に富み、包容力が大きく、随って希望ある人で他日大総統ともなる資格を持った人である。殊に氏は……日支親善に俟たねばならぬと堅く信じて居た人である……此の人物を失うは独り民国の為め惜むのみならず東洋永遠の平和を確立する上に於て頗る遺憾である」（犬養毅氏談）。

「中国の西郷隆盛」は日本人の心にも深く刻まれたのである。

中国人で西郷隆盛に心酔したのは黄興ばかりではない。黄興と同じく湖南省出身で、日本の陸軍士官学校に学んだ蔡鍔《さいがく》も、熱狂的な西郷の信奉者だったらしい。蔡鍔は後の一九一五年、梁啓超らと雲南省で袁世凱討伐のための護国軍を結成し挙兵したことで知られる軍人だが、日本留学時代に黄興ら湖南省出身者たちで雑誌『游学訳編』を編集・出版し、「西郷に学べ」と主張して、出身地の湖南省を「中国の薩摩」に見立てたほどだった。

一九〇二年、東京神田駿河台に編集部を置いて発行した『游学訳編』第三冊には、「致湖南士紳諸公書（湖南の諸士に書を致す）」と題して、若者たちに日本留学を勧め、「維新の大傑を見るならば、志士の盛名は三藩の志士（薩摩、長州、土佐の三藩）を推さずにはあらず。三藩の志士の中で、唯一推すとすれば、薩摩の西郷南洲翁なり」と言っている。また、同誌には「日本第一人述」の題名で西郷隆盛の伝記が連載され、「現在の日本はまさに（西郷）吉之助ひとりの精神に貫かれている」と絶賛している。

こうした中国革命の先駆者たちの考え――西郷隆盛こそ中国近代化の理想的な英雄モデルだ――は、次の世代の中国人にも受け継がれたはずである。

辛亥革命前後から一九二〇年代にかけて日本へやって来た留学生の中には、先達の革命家たちがこぞって崇拝する西郷隆盛とは果たしてどんな人物かと、実際に知りたいと考えた者も少なくなかったにちがいない。

鹿児島の第七高等学校造士館には、戦前、中国からの留学生が百五十人以上も在籍した記録が残っているが、周佛海もそうした一人ではなかったのだろうか。

鹿児島・第七高等学校の中国人留学生

さて、周佛海は第七高等学校造士館でどんな学生生活を過ごしたのだろう。

現在、第七高等学校造士館があった場所は、鹿児島県歴史資料センター黎明館として公開され、鶴丸城の本丸跡地でもある。そこに「七高生久遠の像」が建立されている。

第七高等学校造士館は一七七三（安永二）年、薩摩藩第八代藩主・島津重豪によって文武教育の統一を目指し、藩校・造士館として発足した。一八七一（明治四）年に「廃藩置県」が実施されて廃校したが、一八八四年に旧藩主島津忠義公爵が再興し、幾度か変遷を経て、一九〇一年三月、第七高等学校造士館として発足した。

周佛海が同校に入学した一九一八（大正七）年九月の新学期には、新一年生が文科、理科合わせて合計二百五十七名。受験競争率は実に八・三倍の狭き門であった。この年には十名の「支那学生」がいるが、周佛海が入学した文科甲類の合格者は二人だけであ

る（「生徒入学志願者入学者及卒業者学科別」『第七高等学校造士館一覧』、大正七年九月三十日調べ）。

第七高等学校の校風は質実剛健、自由闊達だが、当初は学則も厳しく、芝居、映画の入場禁止、飲酒は停学、恋愛は諭旨退学、窃盗は放校処分に処せられたというが、周佛海が入学した頃にはかなり緩やかになっていたようだ。

卒業生が綴った「薩南点描」（綱戸雄二）に、こんな描写がある。

〈入学宣誓式〉大講堂に於いて、神聖なる校旗の前で、美濃紙の帳面に「何某」とまずい筆を走らせる。

〈新と旧〉身にまとうすべてのものが新、徽章は燦然、靴はキュウキュウ、服は折り目正しく、新調のカバン、げに新蓬の如く、尻に半月を画いて手拭ヘンポンたり、曰く「三年後を見にゃ解らんワイ」。

〈門衛〉タタタタ、トトトト、トテチテター、日に何度となく校内に鳴り渡る、入りは喇叭で、出は鐘じゃ、鐘よかね、何ぞ大徳にして小徳なる。普通授業のときは救いの神であり、試験のときには悪魔となる。門衛室に手紙はこあり、人を呼ぶ。

（『北辰斜にさすところ——第七高等学校造士館50年史』、大正十七年の項、財界評論新社、一九七〇年）

薩摩隼人の勇猛果敢さを示すためか、新入生に対する伝統的な洗礼儀式もあった。「入寮当夜からストームに見舞われた。赤フンドシ一つで、手に手に棒を持って廊下の床を叩きながら高歌乱舞して進むのであるが、これに対し寮生は馬穴で水をブッかけるのである。これはお礼のしるしであり、儀式でもある。もちろん吾々も東寮南寮にお返しをしたのである……」(「七高の思い出」『七高弓友だより』第六号、蔵原澄夫、昭和六年・文科乙組)。

どちらも当時の学生生活を描写したものだが、これには中国人留学生たちもさぞかし面食らったことだろう。

興味深いのは、一九二〇年の寮祭で学生たちが発表した特別展示の内容である。「寮祭は次第に時局を反映し、一段と観衆の興味をそそった。初の南寮デコレーションは、一号室詩境、二号室青い馬、三号室排日問題、四号室国税調査、五号室共産主義、六号室長い旅、七号室時の展覧会、八号室布引の滝、九号室過激思想、総務室人生行路の堕落等であった」(前出『北辰斜にさすところ――第七高等学校造士館50年史』)。

第七高等学校には反骨精神に富んだ進歩的な教師がいて、かなり自由な教育を施したようだ。第七高等学校の卒業生で、現在は長崎大学名誉教授の林重太氏はこう説明する。

「『七高』は時代によって雰囲気が異なります。大正時代は個性的な人が多く出ましたが、非常に優れた教授が教えたせいではないでしょうか。後藤弘毅教授は社会思想を教えていましたし、私が在学した昭和十九年から二十二年頃にも、戦時中にも拘らず、東大の佐野学(戦前の日本共産党指導者)の文章を授業で用いる教授がいました」

授業は思想信条に捉われず、自由闊達な雰囲気の中で、学生たちも存分に勉強できたのにちがいない。それゆえ学生たちが催す寮祭でも、「排日問題」「共産主義」「過激思想」等、刺激的なテーマを扱うことが許されたのであろう。

後藤弘毅教授は後に編纂された『七高思い出集』の中で、

「周佛海は、(鹿児島)市庁の市来吉志君(故人)らと同級だった」

と記している。きっと留学生の周佛海にも目をかけて、よく記憶していたにちがいない。

周佛海は一年生の時には勉強に身を入れたが、二年目からはひたすら社会主義関連の本を読み漁っている。そのきっかけになったのが、後藤弘毅教授の社会思想の授業であったことも大いに考えられる。

周佛海は読書にふける一方、自分でも論文を書いて上海の新聞や雑誌に投稿した。上海の新聞『民国日報』の副刊『覚悟』や、『新青年』『共産党』などの雑誌に掲載された論文には、「社会主義の実行と実業の発展」「われわれはなぜ共産主義を主張するのか」「政権を奪取せよ」など十数編があるが、これらの多くは第七高等学校に在学していた頃に書いたものだ。

彼はまた、学生生活の合間に何人かの中国人留学生仲間を集めて演説の練習会を開き、自分の演説を他人に聞かせたが、聞いた留学生たちはみな、周佛海の演説がうまいと褒めそやしたという。

かくして上海からの「緊急招集」の手紙を受け取った周佛海は、一九二一年七月、第七高等学校が夏休みに入った直後、船に飛び乗って上海へ向かったのであった。

第四章　日本びいきの思想家、陳独秀

五回も来日した行動力の男

周佛海が一時帰国した頃、陳独秀は広東省広州市にいた。

彼が広東へ行ったのは一九二〇年末、広東軍政府から招かれて教育委員会委員長に就任したからだが、実際の目的は、上海、北京に次いで広東にも共産党組織を作るためであった。

中国の南の玄関・広東省は当時、多くの革命家を輩出していた。清朝打倒を目指して武装蜂起を指揮したカリスマ的存在の孫文。中国で最初に無政府主義を提唱して全国に名を馳せた劉師復。清朝の改革を試みて「戊戌変法」を起こした康有為、梁啓超など、進取の気性に富む人物が少なくなかった。亜熱帯地方の気候のせいか開放的で、日常的に自由な議論を交わし、初めての事柄に対しても臆せず、行動するエネルギーにあふれている。陳独秀を招いた広東軍政府の軍閥・陳炯明《ちんけいめい》ですら、進歩派と目され、孫文の過激な思想に理解を示してもいた。広東では、社会主義思想の普及活動にも期待以上のものが得られるかもしれないと、陳独秀は密かに期待していたのではなかったか。

このとき陳独秀は四十二歳。知識と経験を備えたエネルギッシュな壮年時代である。おそらく彼自身も体力知力ともに充実して、この世に怖いものなどなかっただろう。

陳独秀

さて、陳独秀が広東でどのような活動をしたのかを語る前に、先ず、陳独秀の生い立ちについて触れておこう。そもそも彼はいつどこで、中国にはない新時代の知識を得て、どのような体験を経て思想を積み上げていったのか。それを知るには彼の青春時代を見るのが早道だろう。

すると、彼もまた日本と深い関係にあったことがわかる。

陳独秀はとにかく日本びいきの思想家であった。

日本には、五度来ている。いずれも短期間で、留学というより日本のリアルタイムの情報と知識を吸収するためのものだった。この五回の来日を契機に彼は急速に自分自身を改造していくのだが、その生き様は苦渋と焦燥、混乱と再生の中で進化し、醸成していく過程であり、まるで中国の近代史の辿った変遷そのもののようでもある。

清朝末期の一八七九年に安徽省で生まれた陳独秀は、原名を乾生、字を仲甫、号を実庵という。早くに父親を亡くし、幼いときから厳格な祖父のもとで古典教育を施され、科挙の試験で「秀才」の資格を得たが、それは祖父や母の悲願を叶えたものであって、彼自身の望みであったわけではなかったという。

多感な十代の頃は国難の時代だった。一八九四年、十五歳のときに日清戦争が勃発して清国が負け、列強による中国での利権獲得競争が始まった。三年後にドイツが青島を攻略すると、イギリスは九龍以北の新界地区、フランスは広州湾、ロシアは旅順、大連を次々に占拠した。その様子を目の当たりにして、陳独秀は脆弱な自国に憤懣と疑問を感じはじめる。

最初に熱中したのは、康有為、梁啓超らが唱えた「変法自強運動」だった。康有為らは、日本が日清戦争に勝利したのは明治維新により積極的に西洋文明を取り入れたことが成功したのであり、目下、植民地化の危機にある中国を救うためには、明治維新のような全面的な改革、つまり専制政体を立憲政体に改めることが必要であるとした。この建言は光緒帝に採択され、農商工業の振興や軍事、鉄道、運輸などの近代化、日本への留学制度の実施など一連の政策が始まった（戊戌変法）。だが百日後、西太后を中心とする保守勢力はクーデターを起して光緒帝を幽閉し、康有為、梁啓超らは日本へ亡命した。

一九〇〇年、陳独秀が二十一歳のときに義和団事件が発生した。清国政府は義和団の排外武力運動を支持して列強に宣戦布告したものの、あっけなく八カ国連合軍に敗北して四億五千万両《テール》の莫大な賠償金を支払う講和条約を結んだ。義和団事件後、西太后は改めて新政を開始したが、ほとんどは「戊戌変法」で掲げられた政策が受け継がれ、日本への留学制度も始まった。

中国国内は極度の混乱状態にあった。軍閥が日常的に戦い、官僚の腐敗が横行し、国民経済は破綻していた。知識人のなかには、清国がダメなのは満州族の支配が長く続いたからだ、満州族を排除して漢民族の政権を取り戻せば、この混乱と腐敗から脱して国家を再生することができる、と考える「排満思想」が起こってきた。その急先鋒が孫文だった。

孫文は、広東省香山県出身で一八六六年生まれ。字は徳明、号は逸仙、中山という。「中山」は日本へ亡命していた時に日本人の姓から取ってつけたものだ。今日、中国では孫中山(Sun Zhong Shan)の北京語音で呼ばれ、欧米各国では、孫逸仙(Sun Yat Sun)の広東語音で知られる。十代の頃にハワイ在住の兄・孫眉を頼って渡米し、帰国後、香港西医書院(香港大学の前身)を卒業して医師になったが、在学中から革命思想を抱くようになり、一八九四年、二十八歳のときにハワイで興中会を組織し、翌年、「滅満興漢」を掲げて広州起義(武装蜂起)を企てたが露見して逃亡。日本、アメリカ本土を経てイギリスへ渡り、ロンドンの清国公使館に「危険人物」として拘留された体験を『倫敦被難記』(ロンドン災難記)として発表したことから、世界中に革命家として知られるようになった。

陳独秀にも、そうした孫文の噂は耳に入っていただろう。彼が急進的な「排満思想」に興味を覚えたとしても、不思議はない。また、日本へ留学した友人のなかには、欧米の近代思想に関する日本語の書籍を中国語に翻訳して、中国で広めようとしている者もいた。近代思想とはどんなものか。諸外国が軍事的に強大になった秘訣とは何なのか。そうしたことを是非とも自分の目で確かめてみたいという衝動に駆られたようだ。

陳独秀が自費で初来日したのは一九〇一年十月。義和団事件の翌年である。

日本に到着すると、彼は当時多くの留学生が学んでいた早稲田大学の前身である東京専門学校に入学しようと決め、まず日本語を勉強するため「亦楽書院」に入学した。すでにご紹介したように、「亦楽書院」は嘉納治五郎が創設した私塾で、陳独秀が入学した翌年には、清国留学生のための最初の日本語予備校「弘文学院」へと移行し、発展解消する。

だが、陳独秀は勉強に専念する気はなかったようだ。日本に到着した二ヶ月後、留学生たちが作っていた「励志会」に入会した。「励志会」は一九〇〇年、中国人留学生らが日本ではじめて組織した留学生交流会だった。当初は「知識の交流」と「憩いの場」となることを目的にしたが、革命の風潮が熱気を帯びてくると、会員たちも政治思想に関心を寄せて「過激派」と「穏健派」に分かれて反目した。「過激派」の中には後に孫文派に属した張継がいて、「穏健派」には、後の北京政府の外務大臣となり、「五四運動」で屋敷を焼き討ちされた曹汝霖もいた。

陳独秀が「励志会」に参加したときには、両派の対立は激しさを増し、とても落ち着いて知識の交流をする場ではなくなっていた。彼は両派の対立と主張に飽き足らず、間もなく退会すると、今度は留学生たちが経営する翻訳出版社の「訳書彙編社」に足しげく通うようになった。この「訳書彙編社」が刊行する機関誌『訳書彙編』はやがて「留学生雑誌の元祖」となるのだが、ルソーの『民約論』など数冊の啓蒙書を中国語に翻訳し、蘇州にある「励学訳社」と協力して中国国内で広く販売していた。来日直後の留学生たちにとって、中国語に訳された西洋思想の書籍は格好の参考書であったから、よく売れていた。その他には前章で触れた『游学訳編』や『国民報』という新聞もあった。いずれも西洋思想の紹介と翻訳が中心だったが、陳独秀は貪るように読み漁った。社会科学の諸理論、各種政治思想に触れて視野が広がると、彼は自分でも出版社を作りたいと願うようになった。そして陳独秀は留学して半年も経たないうちに、そそくさと帰国してしまったのである。

どうも陳独秀という人は、短気でせっかちだったようだ。仕入れたばかりの知識や理論を、自分で実践してみなければ気が済まないのである。大胆で行動力があるのは確かだが、性格的にはかなり難があった。どちらかといえば、奇人変人の類に近いだろうか。大声で自分の考えを言い募り、他人の忠告には一切聞く耳を持たず、独善的で頑固。そのうえ皮肉屋ときている。

だが、このとき「出版社を作りたい」と決意したことは、その後の陳独秀の人生にとって重要な指針になった。幾度も出版物を刊行しては潰れ、また刊行するという繰り返しの末に、ついに歴史的な『新青年』が誕生するのである。

一九〇二年三月、日本から故郷の安徽省へ引き返した陳独秀は、仲間を募って安徽蔵書楼図書館を借り、しばしば演説会を開いては、西洋諸国には「民主主義」「自由」「平等」などという思想や概念があることを力説した。出版社を立ち上げる第一段階として、まず「青年愛国社」を組織して新聞『愛国新報』を発行し、弱体化した祖国を救うために「愛国精神」を養うことが肝要だと強調した。

だが、演説会が頻繁に開かれ、殺到した若者たちが興奮し熱狂するありさまを見た安徽省の官憲は、陳独秀を「危険分子」とみなして指名手配した。追われた陳独秀は九月、再び日本へ戻った。

二度目の日本留学である。今回は清国留学生に人気のある軍事教練学校・成城学校に入学した。成城学校には革命を志す多くの留学生がいた。果敢で弁がたつ張継と親しくなった。張継は後に早稲田大学を卒業して、一時は無政府主義を信奉したが、辛亥革命後は参議院議長に就任する。日中混血児の蘇曼殊《そまんじゅ》とは文芸論で意気投合し、終生の友となった。この年の冬、陳独秀は、張継ら二十六人の仲間と最初の革命組織「青年会」を組織する一方、上海商務印書館から処女作『小学万国地理新編』を出版した。満州族支配の清国・中国では「内側」の国内事情にばかり関心が集まっていたから、「外側」である世界地理について紹介したこの本は、画期的な一冊であったといえるだろう。

一九〇三年三月、東京で事件が起こった。というより、陳独秀、張継ら五人の留学生が暴行事件を起こしたのである。ことの起こりはこうだ。清朝政府が派遣してきた駐日学生監督の姚煜《よういく》が、女子留学生にセクハラを働いたことが公になった。留学生たちは革命活動に制限を加える学生監督に日頃から不満を抱いていたこともあり、怒った陳独秀ら五人の留学生がナイフ持参で公邸に乗り込み、姚煜を脅した。本気で殺傷しようとしたかどうかは不明だが、震え上がった姚煜が必死で命乞いをするのを見て、学生たちは彼の辮髪を切り落とした。辮髪は清朝時代のプライドの象徴である。辮髪がなければ、恥ずかしくて人前にも出られない。陳独秀らは意気揚々と引き上げ、「これは姚煜の辮髪である」という張り紙をつけて留学生会館に吊るし、見世物にして溜飲を下げたのである。辮髪を見た留学生たちはさぞかし痛快な思いがしただろう。

他愛ないといえば、他愛ない事件だったが、清朝政府は事態を深刻に受け止め、日本政府に通報したため、陳独秀ら三人の首謀者は逮捕されて国外退去処分を受けた。

日本を追放された陳独秀は上海へ行き、ちょうど章士釗《しょうししょう》が主編として発刊したばかりの『国民日日報』の編集に加わった。この新聞の発行年月日は、清朝光緒の年号を廃して、黄帝紀元の年号を使った点で注目された（『陳独秀大伝』任建樹著、上海人民出版社、一九九九年）。黄帝紀元とは、「炎帝」「黄帝」というふたりの竈の神さまを漢民族の先祖だとみなす伝統的な考え方を踏襲する年号である。つまり満州族政権を排除し、漢民族の政権を復興しようとする期待が込められていたのである。

その『国民日日報』（一九〇三年八月十七日付）の「文苑」欄に、陳独秀は「由己」のペンネームでこんな詩を掲載した。

題西郷南洲游猟図

勤王革命皆形迹、有逆吾心罔不鳴。

直尺不遺身後恨、枉尋徒屈自由身。

馳駆甘入棘荊地、顧盼莫非羊豕群。

男子立身惟一剣、不知事敗與功成。

西郷南洲の游猟図に題す
勤皇の革命のありさまは、私が反逆の心が鳴かぬふりができようか（共鳴せずにはいられない）。

志を貫きて後の身に恨みを遺さず、（大事を成すため）一時忍んで自由の身をかがめる。

馳せ参じて甘んじて棘の地に分け入れども、見回せば羊や豚の群れにあるまいか。

男子の立身はただ一太刀のみ、事が破れるか功成るかは知らず。


この詩の題名をみると、「西郷隆盛が狩猟遊びをしている絵を見て作った詩」であることがわかる。同号の『国民日日報』には絵が添えられていないので断定はできないが、陳独秀はきっと同年三月まで滞在していた日本のどこかで西郷隆盛の狩猟図を見て強く心を動かされ、自分の心境とダブらせて、また、わが身を励ます意味も込めて詠んだのではないだろうか。

前章でも紹介したように、孫文、康有為、梁啓超らを中心にして、当時の中国革命のリーダーたちは、西郷隆盛を明治維新の立役者として尊敬し、中国の近代化の指導者の理想モデルとしていた。この年、孫文は三十七歳。陳独秀は二十四歳。孫文より十三歳年下だが、同じ時代を生きる者として、西郷隆盛に対するイメージは共通していただろう。そして西郷隆盛のように「天下のために死す」ことを心に期していたのかも知れない。

一九〇七年春、二十八歳の陳独秀は蕪湖で武装蜂起に参加して逮捕されたが、連行途中にスキを見て逃亡して、三度目の日本へやってきた。

今回は、東京にある正則英語学校に入学して、多少は真面目に英語の勉強に励んだ。この時の日本滞在は通算二年半に及んで、最も長い滞在となった。勉強以外の時間は相変わらず、同居していた蘇曼殊らと文学談義に花を咲かせ、読書に明け暮れて新知識の吸収にも余念がなかった。

留学中の一九〇八年秋、彼は一時帰国している。理由はよくわからないが、多分、国内事情を見るためだったのではないだろうか。このとき陳独秀は二十九歳。国内で見たのは、相次ぐ革命の失敗で意気消沈した人々だった。陳独秀はその年の年末にまた日本へ戻った。正確には、短期間日本を離れただけだが、一応これも四度目の来日だと数えることにしよう。

彼は失意の中で親友・蘇曼殊と日光へ気晴らし旅行に行き、華厳の滝を見ながら憂国の詩を詠んでいる。陳独秀はよく詩を作る人だったが、詩作は彼にとってストレス解消、不満のはけ口でもあり、自分を奮起させるためのものだったようである。

一九〇九年秋、陳独秀は兄が亡くなったことから葬儀を営むために帰国した。そして葬儀の後もそのまま故郷に居残っていた。二年後の一九一一年、武昌で起きた蜂起が成功したのを知った孫文はアメリカから帰国した。辛亥革命が十一度目の蜂起でついに成就したのである。陳独秀も安徽省と浙江省で起きた武装蜂起に参加し、革命成就後は安徽省都督府の秘書長に就任した。

一九一二年一月、孫文は南京で中華民国臨時政府を発足させて臨時大総統に就任し、「中華民国臨時約法」を発布して、一連の革新的措置を施行した。二月、清朝統治を終わらせるために、清朝皇帝・宣統帝の退位を交換条件として、北京政府の袁世凱に臨時大総統の地位を譲った。翌年二月、中国ではじめての議会制度を取り入れて、国会選挙が行われた。宋教仁《そうきょうじん》らが中国同盟会を改組して設立した国民党（一九一三年十一月に解散）が四十五パーセントの議席を占め、第一党となった。国会は二院制をとり、議員総数は参議院議員二百七十六名、衆議院議員五百三名という体制であった。

早稲田留学組百名が中華民国国会議員に

ここで、本題から少しそれるが、国会議員たちの間で起きた興味深い動きについて触れておこう。〝幻の「早稲田同学国会議員倶楽部」〟の存在である。

『早稲田大学百年史』（第一巻、一九七八年発行）には、次のような記述がある。

「中華民国第一次国会議員に当選せるもの、参議、衆議の両院を通じて、少なくとも一百名を下らざるべく、右本大学出身の国会議員諸氏は早稲田大学を中心とせる一団体を組織せんことを希望し、今回『早稲田同学国会議員倶楽部』の設立を計画し、五月二十九日……其成立予備会を開きたり」（同書所収『早稲田学報』第二二一号、一九一三年七月発行）。

もともと日本留学生の中で、早稲田大学出身者は少なくなかったが、一九一〇年の段階で、大学部各科、専門部、高等師範部、清国留学生部の卒業生などを合わせてすでに七百名に達していたという。

彼らは帰国後は、官職や大学教授など、社会的に重要なポストにつく者が多かったが、母校を懐かしむ気持ちがとても強く、校友会も頻繁に開かれていた。当時、同大学に報告されたものだけでも、「明治三十五年末から大正九年初頭に至る約十七年間に開かれた、天津の十六回、大連、サンフランシスコの十四回、北京の十三回などは、毎年のように校友会を開いている勘定になる」（同書）という。

現代とは比べ物にならないほど愛校精神に富んだ学生が多い時代だったようだ。国会議員たちの活動も、そうした活発な校友会活動の延長線上にあったのにちがいない。

「早稲田同学国会議員倶楽部」の成立予備会は、一九一三年五月二十九日正午、多忙な議事の合間を縫って開かれた。場所は北京市燈市口にある徳昌飯店。恩師の有賀博士、青柳教授なども招いた。

「先ず張継氏、日本語にて、吾人早稲田同学議員倶楽部は、其党派の如何に係わらず、公明正大なる態度を以って、邦家の為め人道の為に尽くすところなかるべからざるを説き……陸宗輿《りくそうよ》君、其他数氏の日本語演説あり。同倶楽部事務所を北京前門外安徽会館に設くること、母校に在りて、革命等の為に未だ卒業せざりし議員諸君を校友に推薦せられんことを同倶楽部の名義にて高田学長に申請することを議決し、和気藹々の中に散会せり……実に上下両院を通じて群鶏の一鶴とも称するに足る人最も多きを以って、同倶楽部完全に成立の暁には有力な団体となるべきを疑わず」(同書)。

発起人として名を連ねたのは、参議院議長を勤める張継や当時三十七歳にしてすでに老成した感のある政治家・陸宗輿ら三十二名だった。九月には再び予備会が開催され、その後に正式に発足大会を開く計画が立てられた。

だが、事態は根底からひっくりかえされた。

中華民国臨時大総統の地位についた袁世凱が豹変したのである。彼は自ら「新皇帝」を自認して独裁政治を打ち出した。国民議会の最高実力者である国民党の党首・宋教仁を暗殺(一九一三年三月二十二日)し、国民党に解散命令を下して国会議員四百人を追放すると、立憲君主派閥で議会を統一しようと企てた。「早稲田同学国会議員倶楽部」の発起人であった議員たちも散り散りになり、計画は泡のように消え去った。

さて、本題に戻ろう。

孫文は一九一三年七月、袁世凱打倒のための「第二革命」を起こしたが失敗し、日本へ亡命した。

陳独秀も孫文の「第二革命」に呼応して安徽省で武装蜂起しようとしたが、事前に発覚して首謀者として指名手配された。陳独秀の家に家宅捜索が入り、祖父の遺品である書画骨董が破壊された。まだ十代だった二人の息子はからくも逃れたが、甥っ子が連行された。陳独秀も危うくのところで上海へ逃げ延びたが、大きな衝撃を受けていた。

陳独秀の息子たち——陳延年と陳喬年はその後、周恩来と同じく「勤工倹学」システムでフランスへ渡って活動家となり、二〇年代には中国共産党の幹部になるが、不運なことに、陳延年は一九二七年に二十八歳で、陳喬年は一九二八年に二十六歳の若さで、革命の嵐の中で命を落とすことになる。親子関係は決して良好だったとはいえず、生涯ぎくしゃくして険悪な関係であったようだ。

上海で失意の淵にあった陳独秀は、一九一四年、日本にいる友人・章士釗に手紙を書き送った。

「本来ならば門を閉じて読書し、編集を生業としたかった。最近は出版も振るわず、販売実績は昨年の十分の一に減った。もはや筆を置いて、座して餓死するのを待つのみ」（「『甲寅雑誌』記者にあてて」『甲寅』第一巻第二号、一九一四年六月十日）。

章士釗は上海の『国民日日報』が発禁処分になった後、この時期、日本で雑誌『甲寅』を主宰していた。彼は陳独秀に雑誌を手伝ってくれるようにと誘いかけ、日本へ呼び寄せた。

七月、陳独秀は再び来日した。これが五度目の来日である。そして最後の日本滞在になった。

李大釗

『甲寅』の執筆陣のなかに早稲田大学政治本科に在学中の李大釗がいて、ふたりは意気投合した。
李大釗は河北省楽亭県出身。一八八九年生まれで、字を守常という。二年後の一九一六年に帰国すると、北京で海外の新思潮を次々に紹介して陳独秀の新文化運動の一翼を担った。一九一八年、北京大学図書館主任に就任し、翌一九一九年に教授に就任。この年に起きた「五四運動」の前後の時期には、日本の民本主義の主唱者として有名になった吉野作造と交流し、日本で次々に発表される社会主義学説に関する書籍や新情報をほぼ同時進行で翻訳・発表したことから、中国における社会主義研究の第一人者になった。とりわけ一九一九年に記した「私のマルクス主義観」は、李大釗の「記念碑的論文」となったが、それは河上肇の「マルクスの社会主義の理論的体系」(『社会問題研究』第二冊、一九一九年二月)や福田徳三の『続経済学研究』(同文館、一九一三年)などに大きく依拠したものであった(前出『中国共産党成立史』)。

やがて陳独秀と李大釗は、日本で出会って七年後の一九二一年、手を取り合って中国共産党を創設するのである。

もっとも、五度目に来日したときの陳独秀はそんな未来のことなど知る由もない。この時期、陳独秀は、「肌着一枚しかない貧しい中で、無数の虱に囲まれて過ごした」(「陳独秀案」傅斯年著、『独立評論』第二十四号)というほど質素な生活を送りながら、黙々と『甲寅』の編集作業をこなしていた。編集作業の合間には、アテネ・フランセでフランス語を習っていたが、それは民主主義に傾倒していた章士釗の影響で、フランス語の原書を読もうとしたからではなかっただろうか。

一九一四年十月、陳独秀は『甲寅』に「愛国心と自覚心」を発表した。この時期に彼が考えていたことを示す代表的な論文である。彼はその中で言う。

「国人に愛国心がなければ、その国は危うい。国人に自覚心がなければ、その国は滅びる。両者ともに備わらなければ、国は国家ではない」。そして、中国人は国家を「五穀豊穣の神と同一視」し、愛国を「忠君と同義」にみなしている。人々は天下を握る者の「犠牲」に過ぎず、「少しも自由や権利がなく、幸福でもない」（『甲寅』第一巻第四号、一九一四年十一月十日）。

だが、読者の反応は冷ややかだった。悲観的で感傷に過ぎるという批判が相次いだ。陳独秀は黙したまま反発の言葉を発しなかった。

評価が反転したのは、一九一五年五月「対華二十一カ条要求」に袁世凱の北京政府が調印したことがきっかけだった。弱腰な自国の政府に憤る人々は、これほど国辱的な出来事にすら無関心な一般大衆に対して苛立ちを感じて、「愛国心」の大切さに改めて気付き、「愛国精神」を育てる必要性が広く叫ばれるようになった。

ちなみに、「独秀」というペンネームを用いたのはこの時が初めてで、以後しばしば用いるようになった。彼はそれまでも多くのペンネームを使っているが、今日では「陳独秀」という名前が最もよく知られている。

一九一五年、陳独秀は上海へ戻り、九月十五日、一人で細々と『青年雑誌』を立ち上げた。創刊早々、上海のキリスト教会青年会が発行する雑誌『上海青年』から、雑誌名が紛らわしいというクレームがつき、一九一六年九月一日出版の号から、『新青年』と改称した。

『新青年』は毎号約百ページの学術総合雑誌である。当初の一年間、ほとんど注目されることはなかったが、次第に先鋭的になり、儒教批判、家父長制批判、男女同権と一夫一婦制の主張などを掲載するようになると、俄かに注目され発売部数も急増した。

全国的な人気雑誌に急成長した『新青年』は奪い合いになるほどだった。

一九一七年、陳独秀は北京大学の新任の学長・蔡元培《さいげんばい》の強い要請を受けて北京大学文科部長に就任すると、『新青年』編集部も北京へ移した。多忙になった陳独秀は編集作業を数人の持ちまわり方式に変え、執筆陣も彩り豊かになった。

この年の一月、アメリカ留学中の胡適の論文『文学改良芻議』が掲載されると、「新時代の文化論争」に火がついた。仕掛け人である陳独秀にしてみれば、新時代の文学には、新時代の表現が必要であった。その実験的な試みとして、一九一八年、魯迅が口語体である「白話文」で書いた小説『狂人日記』が誌面に発表されると、全国を揺さぶるほどの衝撃を与え、新文学運動の急先鋒としてにわかに注目された。

魯迅は後に、「私はどのようにして小説をかきはじめたか」と題する文のなかで、その当時のことを振り返って、こう書いている。

「『新青年』の編集者が、くり返し足を運んでは催促し、催促が何回かに及んだので、私は一篇つくった。ここで陳独秀先生を記念しなければならない。先生は私に小説を書けと力をこめて催促された一人であった」（「南腔北調集」『魯迅全集』第六巻、学習研究社、一九八五年）。

前衛的で社会風刺を得意とした魯迅は後に国民的作家として名を馳せるが、彼の作家としての命運を決定づけたのは、まさに雑誌『新青年』であり、陳独秀の支援に負うところが大きかったのである。

北京の学生たちが「対華二十一カ条要求取消し」と山東権益の返還を掲げて「五四運動」に立ち上がったのは、一九一九年五月四日であった。

「五四運動」の首謀者とみなされた陳独秀は一時逮捕され、世論の反発でようやく釈放されたが、北京大学を追われた。上海へ戻ってみたものの、上海でも官憲の監視は厳しく、自由な出版活動はしばしば制限されるようになり、さらにはソビエトから来た使者との接触が察知され、息が詰まるような監視状態が続いていた。

広東軍政府の軍閥、陳炯明から招請状が届いたのは、ちょうどそんなときだった。これは〝渡りに船〟であったろう。しばらく考えた後、一九二〇年十二月、陳独秀は『新青年』編集部を李漢俊ら数人の若者たちに任せて、香港経由で広東へ行った。

革命の策源地、広東に共産党を

さて、少々長くなってしまったが、ここからようやく広東編である。

陳独秀の広東到着を心待ちにしていたのは、北京大学を卒業して帰省していた三人の若者だった。広東出身の譚平山《たんへいざん》、譚植棠《たんしょくどう》、陳公博の三人は、北京大学で新文化運動の空気を胸いっぱい吸い込み、譚平山は「五四運動」のリーダーの一人でもあった。広東へ帰省した直後から、数人の仲間たちとミニコミ新聞『広東群報』を発行していた。

三人とも陳独秀の講義を直接聞いた回数は多くはなかったが、北京の地で新文化運動を体感し、広東に帰省してからは雑誌『新青年』を愛読しつつ、陳独秀としばしば連絡を取っては広東における宣伝活動の指導を受けていたのであった。

三人が開いた歓迎会の席上、陳独秀は全国的に連携した共産党組織を作る大構想を語った。そして広東にも共産党を作ろうではないかと提案した。三人は即座に賛成し、さっそく準備に入った。

陳公博

だが、広東にはまた広東特有の障害が待ち構えていた。というのも、広東にはすでに各種の近代的思想がみちあふれ、なかでも無政府主義の思想はここから全国に広まり、「元祖」ともいえる劉師復の名声は全国に轟いていた。『広東群報』を発行する仲間たちの中にも無政府主義を唱える者がいた。広東に共産党を作るためには、さしあたって無政府主義者たちの切り離しを図る必要があった。しかし、マルクス主義と無政府主義とは、どう違うのか——。


その違いを見極めることが、先決問題だった。

「マルクス主義」は、十九世紀半ばにドイツの経済学者・哲学者のカール・マルクスとフリードリッヒ・エンゲルスが弁証法的唯物論の立場から確立した思想体系である。その思想体系を現実の社会に適用して生み出したのが、「科学的社会主義」であり、経済学説、国家論、社会主義、共産主義建設理論など、幅広い分野に及んでいる。

「社会主義」とは、不平等な社会である「資本主義」から理想的な平等社会である「共産主義」へ移行しようとした場合、その第一段階として位置づけられ、まだ生産力が不足しているために、能力に応じて労働し、労働に応じて分配を受けなければならない、とする考え方である。


それに対して「共産主義」は、「社会主義」の発展段階を経て、やがて生産力が高度に発展して、能力に応じて労働し、各自が必要に応じて配分を受ける段階に達して、ようやく狭義の「共産主義」に到達できる、とされる。

「社会主義」も「共産主義」も理論上のものだが、その理論を発展させて現実に運用しようとしたのが、「マルクス主義」の信奉者だったロシアのレーニンである。レーニンは一九一七年、ロシア革命を成功させ、世界革命、なかでもヨーロッパ革命を前提としてロシアの社会主義建設を指導したソビエト政府の指導者である。彼は労働者階級の革命運動の戦略・戦術に重点を置いて「マルクス主義」の理論を発展させ、帝国主義論などを体系づけた。二四年にレーニンが死ぬと、彼こそは「マルクス主義の正統な継承者」として信奉する人々からもてはやされ、彼の考え方は「レーニン主義」と呼ばれた。

これに対して、「無政府主義（アナーキズム）」とは、国家権力の一切の権威と強制を否定して、個人の自由を拘束しない社会を目指すという思想である。十九世紀前半に出現し、十九世紀後半になってフランス、ロシア、イタリア、スペインなどで広まった。プルードン、バクーニン、クロポトキンなどが提唱し、中国へ入ってきたのは二十世紀初頭になってからのことで、広東出身の劉師復、区声白《おうせいはく》、黄凌霜らが最初の伝播者たちであった。

なかでも劉師復の影響は大きく、彼は、プルードンの理論を発展させたクロポトキンの思想体系「無政府共産主義」――社会の進歩は協力であり、競争ではない。革命と政府は相容れず、完全なる自治を基礎とした権威のない「自由共産主義」を取り入れるべきだ――をはじめて中国に紹介し、自ら「無政府共産主義同志社」を結成して活発に活動した。「五四運動」が起きた一九一九年の時点で、劉師復（一九一五年死去）の思想はすでに全国的に普及し、刊行物も多数が生まれていたが、広東はまさにその「牙城」と化していたのであった。

「無政府主義」に最初に反駁を加えたのは、陳独秀だった。

一九二〇年、陳独秀は『新青年』に「政治を談ず」を発表して、無政府主義を批判する論陣を張った。それを皮切りにして、陳独秀の薫陶を受けた李達が「無政府主義の解剖」を同誌に掲載し、周佛海も「我々はなぜ共産主義を主張するか？」を発表。日本にいた施存統も「我々はどのようにして社会革命をするか？」を、早稲田大学出身で北京大学教授の李大釗も「自由と秩序」を書いた。湖南出身で毛沢東とともに「新民学会」を主宰した後、フランスへ「勤工倹学」していた蔡和森《さいわしん》も「マルクス学説と中国無産階級」を発表、日本から天津へ帰省した後に「覚悟社」を主宰し、フランスへ「勤工倹学」した周恩来の「宗教精神と共産主義」なども、これに続いた。

一九二一年一月、陳独秀は「社会主義批評」の講演をし、次いで「無政府主義を討論する」と題して、無政府主義者の区声白と交わした六通の往復書簡を公開し、三ヶ月にわたって激しい論戦を繰り広げた。

陳独秀を中心とするマルクス主義者は、こう主張する。

「無政府主義者の理論は社会発展の規律に反する。生産力を平均に保とうとすれば、中央の権力によって管理せねばならない。社会の生産力がまだ高度に発展せず、社会の富がまだ不足しているときには、『能力に応じて働き、必要に応じて報酬を得る』ことは経済秩序を混乱に陥れ、生産力の発展を妨げるだけだ」

激しい論戦の挙句、翌二二年、区声白は陳独秀に書簡を送って、ついに無産階級の独裁を認めた。これによってマルクス主義者は勝利し、論争は収束をみることになった。

広東にいた三人の若者たちも、その論争の渦中にあった。『広東群報』から無政府主義者たちを一掃すると、社会主義の宣伝普及を大方針として打ち出した。

間もなく三人は、上海で開催される共産党第一回全国代表大会を経て、広東省における共産党細胞組織の中核となり、『広東群報』は正式に共産党機関紙として装いを新たにするのである。

第五章　芥川龍之介が目にしなかった上海

日本から「知識」、ソビエトから「資金」

一九二一年という年は、本書の登場人物たちにとって人生最高の晴れがましい年である。自前のアングラ劇場に小さなスポットライトを当て、全員が勢ぞろいして、才気と知力を尽くして精一杯の演技をみせてくれる。たとえそれが大勢の観衆の目に触れるものではなかったとしても、自負心いっぱいの彼らは、輝かしい未来を自らの手で引き寄せるための「記念すべき大舞台」だと固く信じて疑わなかっただろう。

この年は、中国の年号でいうと中華民国十年である。辛亥革命が成功し、中華民国臨時政府が南京で発足した一九一二年を、中華民国元年と定めている。だが政府の内情はおせじにも安定したとはいえず、中国は混乱の極みにあった。

清朝皇帝の退位と引き替えに、孫文から中華民国臨時大総統の地位を譲られた袁世凱は、一九一五年、「帝制復活宣言」をして皇帝を自称したため、全国の軍閥がいっせいに反発して「反袁運動」を起こし、各地で独立を宣言して激しい戦いの火花が散った。

そして一九一六年、失脚した袁世凱が急死すると、北京政府の大総統に就任した黎元《れいげん》洪《こう》と国務総理に就任した段祺瑞との間で反目が生まれ、北洋軍閥は真っ二つに分裂した。黎元洪を背後であやつる直隷派と段祺瑞を中心にした安徽派は、北京の地で派閥抗争を演じたが、さらに奉天派の張作霖《ちょうさくりん》を巻き込んで激しく争った。

南の広東では、孫文が亡命先の日本から帰国し、多数の国会議員を召集して護法国会（非常国会）を開催した後、一九一七年九月、広州に中華民国軍政府（広東政府）を樹立した。そして自ら大元帥に就任して、全国統一を目指して「北伐」を宣言した。だが「北伐」の軍事力を保持するために連合した西南軍閥は当てにならず、手を組む軍閥を唐継《とうけい》堯《ぎょう》、陳炯明、許崇智《きょすうち》と次々に変えて、脆弱な体制を露呈した。一九一九年、孫文は五年前に日本で組織した革命結社・中華革命党を改組して中国国民党とし、政権を磐石なものにしようと腐心したが、一九二一年の段階に至っても、依然として軍事力と資金の不足に悩まされていた。

一方、中国をめぐる国際情勢も変化してきた。

日本では大正十年を迎え、十一月に原敬首相が東京駅で暗殺され、慌しく高橋是清内閣が発足した。その同時期にアメリカのワシントンでは、日本、アメリカ、イギリス、フランスなど九カ国による国際会議が開かれ、第一次大戦後の海軍軍備制限と極東・太平洋問題が話し合われた。中国は席上、日本が中国に対して発した対華二十一カ条要求の廃棄を訴えたが、列国はそれを退けて「日中間の協議に委ねる」とした。アメリカは列国が中国に保有する権益を確保しながら調整することで、日本を封じ込めようとした。ワシントン会議は二二年二月、中国の主権を尊重し、領土を保全することを確認しつつも、各国への「門戸開放」と「機会均等」を求めて九カ国条約を結び、中国でのさらなる権益拡大を国際的に正当化した。

同年、アインシュタインがノーベル物理学賞を受賞したが、混乱が続く中国ではたいして注目されなかったはずだ。

広東の陳独秀《ちんどくしゅう》を中心にして、日本留学組の若者たちがマルクス主義の宣伝活動に没頭していた一九二一年の春、全国各地の混乱をよそに、のんびり中国を旅して見聞記を残した有名な日本人がいた。

芥川龍之介である。

芥川龍之介は一九二一年三月二十一日、大阪毎日新聞の「社友」、つまり海外視察員として門司港から船で上海へ向かい、四ヶ月にわたって、上海、南京、九江、漢口、長沙、洛陽、北京、大同、天津などの地を歴訪した後、八月十七日より同紙に「上海游記」を掲載した。

四ヶ月間も取材したのだから、さぞかし中国事情を詳細に観察したにちがいないともうのだが、その実、なにも目にしなかったともいえる。それは政治、経済、市井の様子をいくら語っても、客観的な分析より文学的志向が強すぎたせいだろう。評論家の丸山昇は、インタビュー内容について、「この程度の会見記なら、なにも芥川を煩わせるまでもない、という気がする」と言っている。中国の研究者の中には、「芥川龍之介の狭い民族意識と中国に対する差別感はその時代の多くの日本知識人の限界を現している」と批判する人もある。

だが、そうした批判を超えて、彼独特の諧謔に満ちた文章は読者を魅了したにちがいない。外国租界や社交場、美しい公園の華やかさには目もくれず、上海の町の貧困と売春、阿片、糞尿の臭気にむせ返る混沌とした世界を注視して、覚めた視点で微細に描写する。その造形は今日でも新鮮そのものだし、九十年後の今にも通じる町の情景の一部を活写している。

芥川の見た汚濁と混沌に満ちた中国は、それが中国人であっても、冷静な視点で中国社会を観察しようとする者の共感を呼んだにちがいない。李漢俊が東京帝国大学を卒業し、十四年ぶりに帰国して目撃した上海の町の衝撃そのものなのである。その衝撃があったからこそ、李漢俊は社会革命を本気で起こす気になっただろうし、その他の多くの若者たちも同様に、暗黒の母国に光明をもたらそうと躍起になったのではないだろうか。

芥川は上海到着早々、肋膜炎にかかって入院するのだが、病状がやや好転すると、当初の予定どおりの旅を敢行した。彼は数人の有名人にインタビューしている。

章炳麟《しょうへいりん》――「中国同盟会」の一員で、『民報』の主筆として健筆を揮う思想家。

鄭孝胥《ていこうしょ》――清朝時代の遺臣。

三番目に会った相手は、李人傑――。本書に登場してくる李漢俊である。この時の彼はすでに日本でも気鋭の社会主義思想の論客として、名が通っていたらしい。

李漢俊に会ったときの印象を、芥川はこう記す。

「李（人傑）氏は年未《いまだ》二十八歳。信条よりすれば社会主義者、上海に於ける『若き支那』を代表すべき一人なり」（『上海游記　江南游記』講談社文芸文庫、二〇〇一年、以下同）。

インタビュー時には、手帳に鉛筆でメモを記したのを、後に回想しながら原稿にしたと書いている。訪問したのは李漢俊の家で、実兄の李書城は広東軍政府の高級軍人だから、住まいも上海中心部のタウンハウス様式の高級住宅である。家の応接間に通されると、室内の様子について微細な描写をした。

「僮《どう》あり、直《ただち》に予等を引いて応接室に到る。長方形の卓一、洋風の椅子二三、卓上に盤あり。陶製の果物を盛る。この梨、この葡萄、この林檎、――この拙き自然の摸倣以外に、一も目を慰むべき装飾なし。然れども室に塵埃を見ず。簡素の気に満てるは愉快なり」

「僮」とは使用人のことだ。応接間に招じ入れられると、長方形のテーブルがひとつと椅子が二、三脚あり、テーブルの上には陶製の果物が飾られているが、そのほかには装飾品はなにもなかった、というのだ。

「数分の後、李人傑氏来る。氏は小づくりの青年なり。やや長き髪。細面。血色は余り宜しからず。才気ある眼。小さき手。態度は頗る真摯なり。その真摯は同時に又、鋭敏なる神経を想察せしむ。刹那の印象は悪しからず。恰《あたか》も細且《かつ》強靭なる時計の弾機《ぜんまい》に触れしが如し。卓を隔てて予と相対す。氏は鼠色の大掛児《タアクワル》を着たり」

李漢俊の人物描写は、さすがに簡潔で適確である。

ただし、「大掛児」というのは、正しくない。「大掛児」は清朝時代の官僚が着る、花嫁の「打掛け」のような煌《きら》びやかな装束を指す。李漢俊が着ていた灰色の服というのは、きっと「長衫《ちょうさん》」のことである。チャイナ襟をした裾丈の長い服で、知識人がよく着る代表的な服である。魯迅もよく「長衫」を着ていたから、写真をご覧になった方もあるだろう。ただし魯迅の場合は貧乏で一枚きりの服だから、ボロボロだったようだ。それに比べて、李漢俊は留学帰りで高級住宅に住む坊ちゃんであり、上海は着倒れの町だから、きっと高級木綿の仕立てのよい「長衫」を身に付けていたのではないだろうか。

いずれにしても、芥川は初対面の李漢俊に好感を抱いたらしい。彼の日本語能力の高さに舌を巻き、「流暢を極めている。殊に面倒な理窟なども、はっきり相手に会得させる事は、私の日本語より上かも知れない」とまで言っている。

さらに、日本にはない家の造作にからめて、こんな印象も書き残した。

「我々の通った応接室は、二階の梯子が部屋の隅へ、じかに根を下した構造だった。その為に梯子を下ってくると、まず御客には足が見える。李人傑氏の姿にしても、まっさきに見たのは支那靴だった。私はまだ李氏以外に、如何なる天下の名士と雖も、足からさきへ相見した事はない」

ここで、ひとつ覚えておいてほしい。この応接間の間取りと階段の作り、室内の殺風景な様子は、この後にも重要な舞台として再登場するからである。

さて、芥川の李漢俊に向けたインタビューが始まった。

「李氏云う。現代の支那を如何にすべきか？　この問題を解決するものは、共和にあらず復辟《ふくへき》にあらず。這般《しゃはん》の政治革命が、支那の改造に無力なるは、過去既に之を証し、現在亦《また》之を証す。然らば吾人の努力すべきは、社会革命の一途あるのみと。こは文化運動を宣伝する『若き支那』の思想家が、いずれも呼号する主張なり。李氏又云う。社会革命を齎《もたら》さんとせば、プロパガンダに依らざるべからず。この故に吾人は著述するなり。

且覚醒せる支那の士人は、新しき智識に冷淡ならず。否、智識に餓えつつあり。然れどもこの餓を充すべき書籍雑誌に乏しきを如何《いかん》」

李漢俊の考えでは、目下の中国を改造するためには、共和制でも清朝の再興でもなく、社会革命しかない。そして社会革命をもたらすものは政治的な宣伝であり、自分はそのためにせっせと著述をこなしているのだと言う。書籍も雑誌も足りないというのは、日本から輸入する関連書籍や雑誌が少なすぎて困っているという意味だろう。

さらに、李漢俊はこうも言ったと、芥川は書いている。

「李氏又云う。種子は手にあり。唯万里の荒蕪《こうぶ》、或は力の及ばざらんを惧《おそ》る。吾人の肉体、この労に堪うるや否や、憂いなきを得ざる所以なりと。言い畢《おわ》って眉を顰《ひそ》む」

「種子は手にあり」という言葉の真意を、芥川は理解できなかったはずだ。それは当時、李漢俊たちが中国共産党の組織化を構想し、秘密裏にネットワーク作りを進めていたことを、胸に秘めていたからである。無論、芥川はそんなこととは夢にも知らない。李漢俊の目下の心配事は、革命をやり遂げるための能力と体力が、自分に備わっているだろうかという点だったらしい。

芥川龍之介の「李人傑氏」という会見記は、最後に、「プロパガンダの手段以外に、芸術を顧慮する余裕ありや」と聞いたことに対して、「無きに近し」と、にべもない返事を受けて、やや意気消沈した様子が記されている。

「種子は手にあり」――。

そうコメントした李漢俊は、当時、広東へ赴任した陳独秀に代わって、『新青年』の編集を任されていたが、難題にぶつかっていた。『新青年』を発行する資金が底を突いたのだ。もともと李漢俊を含めて、日本留学から帰国した若者たちは、日本語書籍の翻訳や論文執筆を通して社会主義思想の宣伝に夢中で取り組んできたが、それらはすべて手弁当で細々とやってきたに過ぎなかった。それが一年ほど前、不意に上海を訪れたコミンテルンの使者・ヴォイチンスキーが資金を提供してくれたお陰で活動に弾みがつき、『新青年』の編集・発行も安心して続けてこられたが、この時期にはその資金を使い果たしてしまっていた。

コミンテルンとは、正式名称を「共産主義インターナショナル」といい、世界各国の共産党の国際組織のことである。一九一九年にレーニンの主導によりモスクワで設立され、世界各国でプロレタリア独裁を目指す共産主義運動を指導することを目的としたが、実際にはロシア共産党の意向が強く働いていた。

コミンテルンは別名「第三インター」とも呼ばれるが、それは「第一インター（国際労働者協会）」「第二インター」と区別するためである。「第一インター」は、一八六四年、イギリス・フランスの労働者がロンドンで組織した世界最初の労働運動組織で、内部分裂から七六年に解散した。「第二インター」は、一八八九年、各国の社会主義政党と労働組織が連合してパリで結成された労働運動組織である。反戦平和を主張したが、一九一四年、第一次大戦が勃発して挫折し、一九二〇年に消滅した。

ロシア人のグレゴリー・ヴォイチンスキーは、アメリカ社会党に加わった後、帰国してロシア共産党に参加。一九二〇年一月からコミンテルンの一員になり、実行委員会極東支局の副支局長になった。四月、極東支局から派遣されて中国へやってきて、革命運動組織と連絡をつけようと模索した。彼は実力派の共産主義者で、経験と知識が豊富だった。性格も穏やかで、人当たりが良かったようだ。

彼以前にも、中国へやってきたソビエトの共産主義者はいなかったわけではない。だが中国事情に疎い共産主義者は真の提携相手を見つけられず、使命を果たせずに帰国した。その中でただひとり、経験豊富で忍耐強いヴォイチンスキーが初めて中国とコミンテルン、そしてその背後にいるロシア共産党とを取り結ぶ架け橋となった。そして彼の出現によって、ここで日本勢の「知識」とコミンテルンの「資金」とが結びついたのである。

ヴォイチンスキーは資金を提供したばかりか、社会革命のノウハウを伝授し、宣伝普及活動の実情を高く評価した後、「共産主義グループ」を組織すべきだとアドバイスした。

目標を得た若者たちは活気づいた。まず上海で「共産主義グループ」を結成し、次いで全国的なネットワーク作りを進めようと走り出した。

全国に散在する支援者や活動家たちと連絡を取り合った結果、各地で次々に「共産主義グループ」が生まれることになった。その模様を俯瞰してみよう。ここでは、比較的近年に刊行された、『此間曾著星星火——中共創建及中共中央在上海（ここにかつて星の光あり——上海における中国共産党の創立と中国共産党中央）』（倪興祥ら編著、北京人民出版社、二〇〇六年）をもとにして、ご紹介しよう。

特に書名を挙げたのは、各地の「共産主義グループ」の創設時の様子について、最新情報を集めているからである。中国では文化大革命が一段落した一九八〇年以降、全面的な「中国共産党史の見直し」に取り組み、古参幹部への聞き取り調査や史料の再点検が実施された。そのため従来の記録内容が大幅に修正されたり書き直されたりして、正確度も以前より高まってきた。近著にはそうした新情報が盛り込まれているのである。

たった一年で八つの共産主義グループが誕生

上海グループの結成——

コミンテルンのヴォイチンスキーが北京へやってきたのは、一九二〇年四月だった。妻と通訳としてロシア華僑の楊明斎《ようめいさい》を帯同した。彼は北京大学のロシア人教師の紹介で李大釗《りたいしょう》と懇談し、ロシア共産党や「十月革命」について紹介し、中国の実情を把握する。次いで、李大釗の紹介で上海へ行って陳独秀に面会し、そこではじめて社会主義思想を普及させるために奮闘している若者たちに出会った。ヴォイチンスキーは手応えを感じたのにちがいない。彼は上海で社会主義運動を目指して組織を作ることを進言し、五月、「マルクス主義研究会」が発足した。会員は陳独秀、李漢俊、陳望道、施存統《しそんとう》、沈玄廬ら日本留学組のほかに、愈秀松、邵力子《しょうりきし》ら全部で八、九人。その夏に帰国した李達《りたつ》も加わった。

六月、陳独秀と李漢俊、兪秀松、施存統、陳公培の五人は陳独秀の家に集まり、共産党の細胞組織の結成を決めた。名称を「共産党」とするか「社会党」とするかで迷ったが、北京の李大釗の提言で「中国共産党」と定めた。メンバーは「マルクス主義研究会」の会員が横滑りし、さらに数人が加わった。

北京グループの結成——

北京の共産党の細胞組織ができたのは一九二〇年十月。李大釗が中心になって結成した。彼は同年三月、北京大学で「マルクス学説研究会」を結成し、勉強会を開いていたが、その一方では市内に出て労働者への宣伝普及にも努めていた。八月、上海の陳独秀から知らせが届き、上海ではすでに共産党の細胞組織が結成されたことを知り、北京でもさっそく結成した。発起人は李大釗、張申府の両教授と学生の張国燾《ちょうこくとう》で、会員は劉仁静、羅章龍と、小人数だった。活動拠点は李大釗の勤務する北京大学図書館の李の研究室に据えた。翌一九二一年一月、名称を「中国共産党北京支部」と改め、李大釗は書記、張国燾が組織工作、羅章龍が宣伝工作を受け持った。

長沙グループの結成――

湖南省の長沙に細胞組織ができたのは一九二〇年の十一月頃だった。発起人は何叔衡《かしゅくこう》、毛沢東ら数人。毛沢東は字を潤之といい、一九一八年に湖南省立第一師範学校を卒業、「新民学会」を立ち上げた後、北京へ上京して李大釗の勤務する北京大学図書館で館員のアルバイトをしつつ、大学生たちの新文化運動の息吹を感じ取り、『湘江評論』を主宰した。一九一九年に帰郷すると、翌年数人の仲間たちと上海へ行って陳独秀の自宅を訪ね、社会主義思想に関する教えを乞うた。後に毛沢東は延安でアメリカ人ジャーナリストのエドガー・スノーにこう語っている。

「自らの信念に関する陳の主張は、私の生涯のおそらく決定的な時期にあたって、私を深く感動させました」「一九二〇年の夏までには、理論的にも、またある程度実践的にもマルクス主義者になり、この時点から私は自身をマルクス主義者と考えてきました」

（『中国の赤い星　上』エドガー・スノー著、松岡洋子訳、ちくま学芸文庫、一九九五年）。

毛沢東は湖南へ戻ると、上海の李達と連絡を保ちつつ、十月、湖南社会主義青年団を組織した。陳独秀からも追って手紙が届き、共産党の細胞組織を作るよう要請があり、十一月、毛沢東は何叔衡、彭璜らとともに長沙共産党の細胞組織を結成した。

毛沢東が憧れの『新青年』に初めて寄稿して掲載された一文は、「体育の研究」（『新青年』第三巻第二号）という題名である。「体育」は、儒教思想の「徳育」ばかりが重んじられてきた中国で、一種の近代的思考だとみてもよいだろう。ペンネームは「二十八画生」である。毛沢（澤）東の名前の画数を数えてみると、全部で二十八画になるからだ。

武漢グループの結成――

湖北省にある武漢の細胞組織ができたのも、一九二〇年の秋だった。発起人は董必武《とうひつぶ》と劉伯垂のふたりである。董必武は一九〇三年に科挙の試験で「秀才」の資格を得たが、辛亥革命に参加して孫文の中国同盟会の会員となり、一九一四年、法政大学法科に留学中に、孫文の中華革命党に入党した。興味深いことに、彼は在学中に一旦帰国しているが、卒業がせまった一九一八年三月、卒業試験だけを受けに日本へ戻り、無事卒業証書を手にして帰国した。正式卒業にこだわる心理は、どうも革命に携わろうとする者にしては不似合いな気がしないでもないが、真面目で律儀な性格だったようだ。

とにかく、法政大学を無事に卒業した後、董必武は一九一九年に上海へ行き、湖北会

董必武

館に長逗留しながら、隣人として知り合った李漢俊から様々な知識を授けられた。李漢俊は董必武に社会革命の必要性を説き、彼が日本語から翻訳した『馬格斯資本論入門』を読ませ、彼が編集する『新青年』も提供した。李漢俊の薫陶のおかげで、董必武はマルクス主義に熱中しはじめた。

董必武と同郷の陳潭秋《ちんたんしゅう》が知り合ったのは上海だった。一九二〇年八月、ふたりは相前後して武漢へ戻ると、ささやかな規模の武漢中学を開校して英語教育とマルクス主義の宣伝に努めた。間もなく上海の李漢俊から手紙が来て、上海ではすでに共産党の細胞組織が結成されたという知らせとともに、武漢でも速やかに結成すべきだと言ってきた。

劉伯垂も日本留学経験者だ。一九〇九年、明治大学法科に留学していた時期に、日本で中国同盟会に入会した。陳独秀とは日本で知り合いになった。辛亥革命が起きて帰国した後、中華民国臨時政府の法制局参事などを勤めたが、袁世凱によって議会が解散になると、広東軍政府司法部高等裁判庁庁長に就任する傍ら、『惟民週刊』を主編して革命思想の宣伝に努めた。一九二〇年、広東から武漢へ一時帰省する途中、上海へ立ち寄り、旧知の陳独秀と会って、武漢で「共産主義グループ」作りに協力することを約束したのであった。帰省後、紹介された鄭凱卿と包恵僧、董必武らと相談し、一九二〇年秋、武漢共産党の細胞組織が誕生した。メンバーは、董必武、劉伯垂、陳潭秋、包恵僧、鄭凱卿、張国恩、趙子健らである。彼らは組織の名を武漢共産党支部とし、翌春さらに数人のメンバーを補充した。

陳潭秋

広東グループの結成――

すでに前章でもご紹介した通り、広東共産党の場合はやや曲折を経ている。北京大学出身の三羽烏――譚平山、譚植棠、陳公博は数人の仲間たちとともに、一九二〇年十月、新聞『広東群報』を発行して社会主義の宣伝と普及に努めていた。譚平山の甥っ子の譚天度も、紙面の版組と契約取りの仕事を任された。

九月、ロシア人のミノールとペルリンが広東へやってきて「ロシア通信社」を立ち上げ、北京から同行した無政府主義者の黄凌霜の紹介で、広州に滞在する区声白ら無政府主義者たちと協力し合って広州共産党の細胞組織を結成した。無政府主義者はマルクス主義者と同様に「社会主義」を標榜していたため、両者の区別がつかない状態にあったのである。

十二月、陳独秀が広東へ赴任して来ると、彼はマルクス主義と無政府主義の違いについて大論争を展開し、最終的に無政府主義者との決別を図ったのである。一九二一年一月、陳独秀は譚平山、譚植棠、陳公博、それに譚天度も含めて、新たに広東「共産主義グループ」を結成した。従来から発行していた『広東群報』は、これ以後、広東共産党の機関紙として再出発した。結成当初、陳独秀が書記を務めていたが、間もなく譚平山が引き受けた。陳公博は組織工作、譚植棠は宣伝工作を担当した。

済南グループの結成――

済南の細胞組織は、北京の指導によってできたと言ってよいだろう。

陳独秀は当初、『新青年』の代理販売店「斉魯書社」の王楽平に書簡を送り、共産党

王尽美（右）と鄧恩明

の細胞組織を作ることを依頼したが、山東ですでに著名な進歩派として名が通っていた王楽平は辞退し、その替わり共産主義に熱中している数名の学生を紹介してきた。そのひとり、王尽美は王楽平の遠縁に当たる青年で、鄧恩明《とうおんめい》とともに「斉魯書社」が発行する雑誌の熱心な読者だった。王尽美は一九二〇年春、北京大学を訪ね、ちょうど李大釗が主宰したばかりの「マルクス学説研究会」の通信会員に登録した。そして同年秋、学術団体「励新学社」を立ち上げて雑誌『励新』を創刊し、社会改革の必要性を説きマルクス主義の宣伝に努めた。また、王尽美は鄧恩明らと数人で「コミュニズム学会」を結成し、共産主義に関する書籍を集めた。「コミュニズム学会」のメンバーたちは、北京の李大釗、張国燾たちからアドバイスを受けつつ、一九二一年四月、済南「共産主義グループ」を結成した。メンバーは王尽美、鄧恩明、王翔千ら数人であった。

ここでもう一度、全国各地に結成された「共産主義グループ」をまとめてみよう。

上海グループ――一九二〇年六月結成。陳独秀、李漢俊、李達、施存統ら八、九人。
北京グループ――一九二〇年十月結成。李大釗、張申府、張国燾、劉仁静ら五人。
長沙グループ――一九二〇年十一月頃結成。何叔衡、毛沢東ら数人。
武漢グループ――一九二〇年秋結成。董必武、劉伯垂、陳潭秋、包恵僧ら七、八人。
広東グループ――一九二一年一月結成。陳独秀、譚平山、譚植棠、陳公博ら六人。
済南グループ――一九二一年四月結成。王尽美、鄧恩明ら数人。

なお、結成の具体的な日時については調査が進み、最近ではかなり精度が高くなっているものの、史料の焼失や散逸などで、依然として未確定の部分が残されている。

こうした国内の合計六つの「共産主義グループ」のほかに、さらに外国にも二つの「共産主義グループ」が結成された。

日本グループの結成――

第三章でもご紹介したように、日本の共産党細胞組織のメンバーは、後にも先にも施存統と周佛海《しゅうふつかい》のふたりしかいない。それも陳独秀から指示された通りに、東京在住の施存統が代表に就任した。

フランスグループの結成――河北省出身で北京大学教授だった張申府がフランスのリヨン大学に赴任したことで情報が届き、湖南省出身の蔡和森が中心になって積極的に運動し、一九二一年から一九二二年の間に結成された。「勤工倹学」制度を利用して留学中の周恩来も一九二一年から二二年にかけて加わった。

さて、全国の「共産主義グループ」の組織作りには、ヴォイチンスキーがおおいに尽力した。彼は中国をあちこち飛びまわり、忍耐強く指導し、必要な資金を配って歩いた。そして全国六地方に「共産主義グループ」が結成されると、それで任務は遂行し終わったと判断したのか、彼はソビエトへ引き上げていった。中国に滞在した期間は一年足らずである。と同時に、それまで彼が支援してきた資金も途絶え、若者たちは活動停止の情況に追い込まれた。

貧すれば鈍する——と言う諺があるが、金がなくなると人間は意気消沈する。些細なことがきっかけで、つまらない諍いが起きるのも、世の常である。

上海の『新青年』編集部を任されていた李漢俊は、毎月雑誌を発行するための資金に事欠いた。彼は広東にいる陳独秀に手紙を書き、出版母体である「新青年社」から、せめて雑誌の発行経費として毎月百元だけでも提供してほしいと頼んだ。しかし陳独秀は首を縦に振らなかった。李漢俊は嫌気が差して『新青年』の編集から身を引き、自分自身の執筆と研鑽に時間を当てた。

李漢俊にはすることが山ほどあった。というのも、社会主義に関する知識はほとんど日本語の書籍や雑誌を情報源としていたために、この時期、日本の書籍や雑誌記事は怒濤の勢いで翻訳され、彼もその一翼を荷っていたからである。日本で出版されたばかりの書籍や雑誌をいち早く入手し、間髪おかずに翻訳して紹介するためには、時間はいくらあっても足りなかったのだ。

一九一九年から一九二二年にかけて、中国語へ翻訳または引用された日本語の雑誌や書籍は膨大な量に上っている。『中国共産党成立史』によれば、翻訳または引用される頻度が最も多かった執筆者として、河上肇、堺利彦、高畠素之、山川菊栄、山川均という、同時代の日本の代表的な社会主義研究者五人の名が挙げられている。また同書の「付録一、日中社会主義文献翻訳対照表」には、これら五人の執筆者を中心に、その他の人も含めて総数約百二十点もの書籍と雑誌記事名が具体的に列挙されている。しかも実際には、それ以上の数にのぼっているともいう。

僅か四年間に、最低でも百二十冊以上の日本語の書籍や雑誌が中国語に翻訳され、引用されたのである。なんと驚くべき数量ではないか。そして中国語へ翻訳し、引用して論文を執筆した中国人はほとんどが元日本留学生だった。その中心的な存在となった李漢俊、李達、李大釗、施存統、陳望道、戴季陶《たいきとう》らが手がけた仕事は多い。

同書には、李漢俊の著作として、山川菊栄著『婦人の勝利』（一九一九年）の翻訳『婦女之過去與将来』（商務印書館、一九二一年）、同「世界思潮の方向」（『解放』、一九一九年）の共訳「世界思潮之方向」（『覚悟』、一九一九年）、北沢新次郎著『労働者問題』（一九一九年）を引用した論文「ＩＷＷ概要」（『星期評論』、一九二〇年）、遠藤無水訳『通俗マルクス資本論』を翻訳した『馬格斯資本論入門』（社会主義研究社、一九二〇年）などが記載されている。

元日本留学生たちの地道で意欲的な執筆活動こそが、当時の中国で勃興した社会主義の新思潮を支え、中国社会に多大な影響を及ぼすことに役立ったのである。

芥川と毛沢東のニアミス

ところで、芥川龍之介の足跡だが、彼は上海を見学した後、揚子江を遡って地方都市をあちこち見て回り、湖南省の長沙にたどり着いた。前掲書には「雑信一束」という一文も収録されているが、芥川は残念なことに、どうやら毛沢東とすれ違いをしていたらしいのである。

「雑信一束」の中にある「六　長沙」の項の文章はごく短い。

「往来に死刑の行われる町、チフスやマラリアの流行する町、水の音の聞える町、夜になっても敷石の上にまだ暑さのいきれる町、鶏さえ僕を脅すように『アクタガワサアン！』と鬨《とき》をつくる町、……」と、冗談っぽく、真実を言う。

往来で死刑が行なわれる光景は、犯罪者をトラックの荷台に乗せて市内を引き回しの刑に処することと合わせて、一九九〇年代始め頃まで、中国のどの都市でも頻繁に目撃できたのである。

「七　学校」と題した文では、芥川は長沙のある小学校を見学する。

「長沙の天心第一女子師範学校並に附属高等小学校を参観。古今に稀なる仏頂面をした年少の教師に案内して貰う。女学生は皆排日の為に鉛筆や何かを使わないから、机の上に筆硯を具え、幾何や代数をやっている始末だ。次手に寄宿舎も一見したいと思い、通訳の少年に掛け合って貰うと、教師愈《いよいよ》仏頂面をして曰、『それはお断り申します。先達もここの寄宿舎へは兵卒が五六人闖入し、強姦事件を惹き起した後ですから』！」

鉛筆うんぬんというのは、日本製だから使わないという意味だろうが、当時の世相を色濃く反映していよう。

毛沢東

毛沢東の経歴については少し紹介したが、二十歳で故郷を離れて湖南省立第四師範学校に入学（のちに第一師範学校に合併）し、卒業後は北京へ上京して北京大学図書館でアルバイトをした。そして一九一九年、帰郷して長沙の初等中学校で歴史の教師になるかたわら、新式の学校を設立しようと奔走して、一九二〇年に長沙師範学校付属小学校の校長に就任した。

芥川龍之介が一九二一年に参観した「天心第一女子師範学校の附属高等小学校」というのは、長沙市政府の話によれば、実はこの毛沢東が校長をしていた学校を統合した学校であった。

芥川はここでも、上海で李漢俊の自宅を訪ねたときと同様、その目で観察しているにも拘わらず、水面下で展開されている歴史の重大事には一向に気づかないのである。無論それは彼の落ち度ではなかったが、もしも芥川が長沙で毛沢東と出会い、直接インタビューを行っていたら、いったいどんな印象をもち、なにを書き残していただろうか。

さて上海では、芥川龍之介が李漢俊のインタビューを終えて立ち去った直後から、社会主義者たちが「中国共産党」の組織化に向けて慌ただしく準備を始めていた

第六章　上海に勢ぞろいした社会主義者たち

緊急招集の手紙

一九二一年の初春から五月にかけて、上海グループの活動は停止状態に陥った。資金難の『新青年』をめぐり、しまり屋の陳独秀と運営上の諍いをした李漢俊は『新青年』の編集から手を引き、上海グループの書記も辞退してしまう。書斎にとじこもって翻訳と研究に没頭する。李漢俊に代わって、書記代理についた李達は彼自身が手がける雑誌『共産党』の執筆と編集作業だけでも手一杯の状態であった。李達はその年の四月に結婚したばかりだったが、まだ結婚式を挙げるゆとりすらなかった。

突然、事態が動きだしたのは、六月になってからだ。

六月三日、コミンテルン中央の使者マーリンが上海へやってきた。次いで、コミンテルン極東支局から、ヴォイチンスキーの交代要員としてニコルスキーがやってきた。コミンテルンとコミンテルン極東支局は本来系列関係にあったが、中国への指導方針を巡る政策上の意見の食い違いから、それぞれ別個のルートで中国へ働きかけをしようとしていたらしい。マーリンとニコルスキーは互いに面識がなかったが、中国で共産党を発足させる目的では一致していたし、そのための活動資金も持参していたために、協調したようだ。

マーリンとニコルスキーは陳独秀に面会しようとしたが、広東へ行っていて不在であると知ると、すぐさま李達や李漢俊ら上海にいた数人の活動家たちに面会した。彼らはひとわたり活動の進捗状況を聞き終わると、すぐさま同志を集めて全国的な大会を開き、正式に共産党を立ち上げるべきだと強く主張した。

だが、李達と李漢俊はマーリンに少なからず反感を抱いた。張国燾の回想録『我的回憶（私の回想）』（中国、東方出版社、一九八〇年）には、次のように記されている。

「マーリンという洋鬼子（西洋野郎）はとても傲慢で、話しにくい。ヴォイチンスキーとはやり方がまるでちがう。彼は李漢俊や李達と初めて会ったとたんにもう話が合わなくなったようだ」

同書によれば、李漢俊は張国燾にこう説明したという。

「マーリンは、自分はコミンテルンの正式代表だと宣言した後、少しの遠慮もなく『工作報告』をせよと告げた。彼（李漢俊）はマーリンの要求を拒否した。なぜなら組織はまだ芽生えたばかりで、報告すべきことなどないからだ。するとマーリンは今度は『工作計画』と『予算』について質問し、コミンテルンは経済的支援をする用意があると言った。あまりに唐突だったので、彼（李漢俊）はまだ中国共産党も正式に成立していないし、コミンテルンに加入するかどうかもわからないと、率直に言った。たとえ中国共産党が成立してコミンテルンに加入したとしても、将来、コミンテルンの派遣する使者との関係をどうするか、それも検討してみる必要があるし、現時点では『工作報告』だ『計画』だ『予算』だなどといっても、ま

張国燾

るで話にならない。コミンテルンが我々を支持してくれるなら、我々は喜んで受け入れよう。しかし仕事の実情に合わせて我々が自由に裁量すべきことだ」

とはいえ、李漢俊も李達も一応マーリンらの提案を受け入れて、分担して事にあたった。李漢俊が陳独秀と李大釗に手紙を書き、マーリンらの意向を伝えて全国大会を開く了解を取り付けた。それを受けて李達がさっそく北京、長沙、武漢、広州、済南などで組織されたばかりの「共産主義グループ」へ向けて、手紙で招集をかけた。

手紙の文面は簡単だった。

「七月二十日、上海にて会議を開催する。代表二名を送られたし」

上海までの交通費として、一人につき百元を支払うことも書き添えたが、その経費はマーリンから出たものだった。

李達の新婚の妻・王会悟は、各地からやってくる代表たちのために、宿泊場所を確保しようと走り回った。七月二十日前後といえば、ちょうど夏休みである。学生はみな帰省してしまって、学校の寄宿舎なら空いているはずだと踏んだ彼女は、知り合いの博文女学校の黄紹蘭校長を訪ねて、さりげなく切り出した。

「『ある学術団体がまもなく上海で学術討論会を開く予定です。ついては御校の寄宿舎をしばらくお借りしたいのですが』。黄校長はすぐさま応じ、寄付金を記すノートを黙って差し出した。第一回全国代表大会が終了した後、王会悟は二十元を（学校に）寄付した。実質的な宿泊代金だった」（『李達評伝』王炯華ら著、人民出版社、二〇〇四年）。

上海へ一番乗りしたのは、北京代表の張国燾だった。

時期は多分、六月半ばのことだ。前出の『我的回憶』には「五月中旬」とあるが、実は、この回想録は場所や日時などに不正確な部分や記憶ちがいが多く、今日では海外の研究者たちから「信頼性に欠け、資料的な価値は低い」と指摘されている代物なのである。だが、日記や回想録は得てして自己中心的で、自分に都合のよいように解釈しているものだ。そして「文は人なり」である。著書からはしばしば執筆者のうぬぼれや傲慢さ、またその裏返しである劣等感や自嘲する感情など、およそ人間臭い部分が透けて見えてくる。そうした点に注意を払うと、張国燾の目を通して描写される各地の「代表」たちの姿が新鮮で、興味深いのである。

張国燾は二十四歳。江西省出身。北京大学の学生で、李大釗を中心とする「マルクス学説研究会」のメンバーであったが、李大釗と陳独秀が北京にも「共産主義グループ」を作ろうと計画したとき、真っ先に参加し積極的に活動したのは彼だった。張国燾は北京では実施するのが困難だった労働運動を起こそうと、北京郊外の長辛店や山東省の済南まで足を延ばして労働運動に取り組み、組織化に力を注いだ。

北京では、上海から緊急招集の手紙を受け取ると、仲間を集めて会議を開き、派遣する代表を決めることにした。だが、折から夏休み直前の時期で、中心的存在であった李大釗教授は多忙で北京を離れられず、数人の学生も帰省したいと言い出したため、残った数人で自薦他薦をしあった結果、一番熱心だった張国燾と劉仁静が代表になることが決まった。

「大会準備のために一足早く来た」(同書)という張国燾だが、だれが彼に大会準備の作業を頼んだかは不明である。あるいは自分から買って出たのかもしれない。

張国燾は北京を出発すると、まず済南へ立ち寄り、済南の活動家たちに労働運動へのアドバイスをした後、上海へ向かった。上海へ到着すると、彼はすぐに李達を訪ねて上海の活動状況を聞いたが、そのついでにマーリンと李漢俊、李達の折り合いが悪いことを知ったのである。

「（マーリンは）間もなく私（張国燾）が来ると聞いて、私と話をするのを待ちかねていた」と、やや自慢げに書いている。

張国燾の人物描写は歯に衣着せぬ率直さというより、まるで一刀のもとに相手を切って捨てるようだ。

「李達は学者然として無愛想で、湖南人の剛直さをもち、他人と話が一言でも合わないと両目を大きく見開いて相手を睨みつけ、まるで怒り心頭であるという様子だ。話し方はぶっきらぼうで、ときどき鋼鉄のように頑固だ」

李漢俊に対する描写も、辛辣である。

「彼（李漢俊）は学者然とした人物で、我々のうちでは理論家であり、マルクス経済学説の研究に特に興味をもっている。なかなか他人と打ち解けず、口を開けば、衆人とは異なる自分の見解ばかりを口にする。態度はおっとりしていて、決して喜怒哀楽を表さない」

結局、張国燾はマーリンと面会した際、努めて柔和で親しみやすい素振りで良好な関係を築いたため、その後はマーリンの代理人のように高圧的な態度で振る舞うようになる。

旅費と宿泊費、食事代込みの上海旅行

済南代表の王尽美と鄧恩明は六月末までに到着した。

王尽美は二十三歳、山東省出身。鄧恩明は二十歳、貴州省出身である。

ふたりは以前から北京の活動家たちのアドバイスを受けていたこともあり、張国燾はふたりに兄貴風を吹かしたようだ。

「彼らは高校を卒業したばかりの学生で、『五四運動』に参加したことで有名になった……彼らは私を先輩で親しい友人だと思っていて、様々な質問をしてくるし、手とり足とり教えてもらおうと、（私の）話を神妙に聞きながら要点をメモしている。……彼らは上海へ来て以来、常に勉強しようという態度で一生懸命に本や雑誌を読み、ときには会議に参加した代表たちからも教えを乞うている」（同書）

そんな態度でいたなら、ふたりは張国燾ばかりか他の代表たちからも対等な相手とはみなされないだろう。おそらく会議の席でも聴講生のように、かしこまって傍聴していたにちがいない。

七月上旬、北京の劉仁静が張国燾より遅れて到着した。

劉仁静は湖北省出身。北京大学の学生で、代表のなかでは最年少の十九歳だった。だが、「本の虫」とあだ名がつくほど無類の本好きで、マルクス主義に関する知識の豊富さでは群を抜いていて、態度も大きかった。

「(彼は)コミンテルンに関する論文を沢山読んでいた。今回の大会ではプロレタリア独裁の基本理念を確立すべきだと主張し、だれかれ構わず、絶えず滔々と説教をしていた」と、張国燾は記す。

劉仁静

長沙の代表、毛沢東と何叔衡が湖南省長沙市を出発したのは、六月二十九日だった。

毛沢東は二十八歳、湖南省出身。同じく湖南省出身で、湖南全省通俗教育館館長を務める何叔衡は、今大会のメンバーのなかで最年長の四十五歳であった。

何叔衡

長沙グループのひとり、謝覚哉《しゃかくさい》が書いた日記には、出発日の様子がこう記されている。

「午後六時、叔衡が上海へ発つ。同行者は潤之(毛沢東)、全国○○《マ》○○《マ》○の招きによる」(『謝覚哉日記』人民出版社、一九八四年)。

「○○○○○」とは「共産党大会」という意味である。当時の船旅は盗賊に襲われることも多く、夜の航行を避けて白昼のみ運行したため時間がかかり、上海到着は五日後の七月四日前後だった。

張国燾の描写はこうだ。

「何叔衡は儒学の綴じ本でも読みそうな年長者で、大口を開けて高笑いする。話すときにしかめ面をし、マルクス主義についてほとんど知らないが、誠実で熱心な印象を与える。毛沢東は湖南の田舎臭さが抜けず、まあまあ活発な世間知らずの生っ白いインテリといったところだ。長衫を身に付け、常識はあるほうだが、マルクス主義についての理解力は、(済南の)王尽美や鄧恩明より多少ましな程度だ。彼は大会前も大会中もなにも具体的な主張をしなかったが、口達者なことは確かで、他人と無駄話をするときには、しばしば話の筋に罠をしかけ、相手がひっかかって困惑する表情を浮かべるのを見て、得意そうに笑っている」（前出『我的回憶』）

後のことだが、一九三〇年代に張国燾は毛沢東と熾烈なライバル競争を展開することになる。おそらくこの初対面のときの小馬鹿にしたような印象が、ずっと心に深く刻み込まれていたのではないだろうか。

武漢代表の董必武と陳潭秋は七月二十日頃に到着した。

董必武は湖北省出身、法政大学卒業の三十五歳。陳潭秋も同じく湖北省出身で、年齢は二十五歳。武昌高等師範学校英語科を卒業し、一九二〇年から武漢中学の教師をしていた。

張国燾は、このふたりのほかに武漢代表として包恵僧を含めている。包恵僧は湖北省出身の二十六歳。北京大学を卒業していた。

「董必武は純朴な人柄で、八の字のひげを生やし、貫禄ある学者のようだが、話しだせば革命家の屈強な風格を表す。陳潭秋はいつももっともらしい顔をして、教師の雰囲気がぷんぷん漂う。包恵僧は駆け出しの新聞記者で、身勝手で話好きだ。彼らはみな理論についてだんまりを決めこみ、実際問題の検討になると生き生きとしてくる」(同書)

包恵僧は、「自分は武漢の代表ではなく、広東の代表である」と自著で主張しているが、実際には、広東代表であるかないかは議論のわかれるところだ。もっとも、彼が広東から上海へやって来たのは事実であり、それには次のような経緯があった。

この年五月一日のメーデーの日。上海の労働者たちは天後宮で初めての集会を開き、ビラをばら撒いた。たいした規模ではなかったが、フランス租界の当局側は神経を尖らせ、先導者だとみなした上海「共産主義グループ」の拠点に手入れを行った。はじめて官憲の手入れを受けた李漢俊と李達は慌てふためき、ちょうど上海に滞在していた包恵僧を広東へ派遣して陳独秀に報告させるのと同時に、今後の活動方針についても指示を仰ぐよう言い含めた。

五月下旬、広東に到着した包恵僧は陳独秀に会って上海の様子を報告した。その際、陳独秀は広東でも人手が足りずに困っているので、しばらく広東にとどまって活動を手伝ってくれと言った。

「六月下旬、(広州で) 陳独秀が会議を開いた。李漢俊や張国燾から手紙が届き、臨時中央である上海で全国代表大会を開くことになったので、陳独秀に上海へ戻るようにと伝えてきた。また、広東から代表二人を派遣するようにとも言ってきた。しかし陳独秀は仕事が多忙で広東を離れられず、私と陳公博が広東から代表として出席することに決定した。

出発直前になって、陳独秀は私にこう言った。

『大会が終わったら、君はやはり武漢へ戻ったほうがよいだろう。武漢のほうが役に立つことが多いだろうから』。それで私は指示に従った」(『包恵僧回憶録』人民出版社、一九八三年)。

包恵僧

包恵僧はもともと湖北省出身で、武漢の活動グループの中心的存在であった。ところが、回想録を書く段になって、自分はあくまで「広東の代表」だったと言い張っている。なぜだろうか。実は、中華人民共和国が建国された後、中国共産党の正確な歴史を記そうという国家事業がはじまり、第一回全国代表大会に出席した代表を特定する必要に迫られた。そのため実際に参加した彼にも回想録を書くよう命令が下ったのだが、ここで大きな問題が急浮上した。

もし正式な代表であれば、「中国共産党の創設者」という最高の名誉が与えられ、「栄光の歴史」にその名を残すことができる。だが、ただ単にオブザーバーとして列席しただけであれば、その場の様子を知るに過ぎない「ただの人」として扱われ、誰からも忘れ去られる存在になってしまう。従って「代表であったかどうか」という問題は、その人の生涯を大きく決定づけるだけでなく、死後の処遇までも決定づけるという重大事である。

そうした事情から、包恵僧は是が非でも「広東代表」であったと周囲に認めさせなければならなくなったか、あるいは陳独秀が自分を広東代表に任命したのだと、はなから都合よく理解していたのかもしれない。

そんな包恵僧の回想録を読んで、私は一抹の哀れさと同情を感じないわけにはいかない。もし招集を受けたときに、包恵僧が広東ではなく武漢にいたとしたら、きっと武漢代表として上海の大会に出席したにちがいない。そうであれば、後々、ムキになって

「広東代表だった」と強弁する必要もなく、堂々としていられたはずである。

もっとも、この大会を開催した一九二一年の時点では、正式な代表かどうかの任命書もなく、誰が代表になってもよかったはずだ。偶然そのとき「多忙でなかった」か「行きたかった」人が名乗りを上げ、旅費と宿泊費、食事代込みの「あご足付き」上海旅行に行った、という部分も少なからずあったのではないだろうか。

包恵僧の回想録で陳独秀の言葉、「大会が終わったら、君はやはり武漢へ戻ったほうがよいだろう。武漢のほうが役に立つことが多いだろうから」とはおそらく、広東語も分からず土地勘もない彼では、結局、広東で何の役にも立たなかったということではなかったのだろうか。

包恵僧の性格について、彼と同郷で旧知の間柄だった張国燾の妻・楊子烈は、著書『張国燾夫人回憶録』（中国問題研究中心編纂、香港・自聯出版社、一九七〇年）で、こう記している。

「包恵僧のあだ名は『大砲（ほら吹き）』で、彼はひどく不誠実な人だ。……武昌女子師範学校で知り合った女性と同棲し、劉子通先生から大目玉を食らった。家に親の決めた旧式の結婚相手がいたからだ。当時は（武昌）女子師範学校でも学生運動が盛り上がっていたので、学生運動と婦人運動をぶち壊し、他人に悪影響を与えるという理由で、彼は武昌を追い出されて北京へ行ったのだ」

また、「北京である日、包恵僧（と友人三人）は私の住んでいるところへ来て、『明日、北京大学第三院で共産党が国民党に加入する問題で討論会がある。張国燾は反対派だ。あいつは『陰謀家』でボスになりたがり、間違っている。明日討論会に参加して、できれば（楊）子烈が異議を申し立てて、張国燾に反対してくれないか』と言った」ともある。

楊子烈は即座に拒否したが、このときすでに彼女が張国燾に好意をもっていたことを、包恵僧は気がつかなかったらしい。間もなく張国燾は彼女と結婚した。

このエピソードには年月日がついていないが、おそらく一九二四年の「国共合作」直前の時期のことであったのだろう。このエピソードの結末としては、コミンテルンの指導の下で共産党員は個人の資格で国民党政府に参画することで第一次「国共合作」が実現するのである。

平均年齢二十七・八歳のエネルギー

包恵僧が広東代表であったか否かはとに角として、彼が広東から上海へ行ったのは、一九二一年の七月二十日頃だった。

広東の代表である陳公博が到着したのは、それより少し遅れて七月二十二日ぐらいだ。陳公博は広東出身の三十一歳。『広東群報』の編集長をしていたが、結婚したばかりで新妻を連れた新婚旅行も兼ねていたというから、ほとんど物見遊山の気分だったろう。

日本代表の周佛海が、九州から船で上海へ到着したのは、大会時期も押し迫った七月半ば過ぎであったが、確かな日付は不明である。周佛海は湖南省出身で、二十四歳。

鹿児島の第七高等学校が夏休みに入ったのは七月十一日である。当時、上海航路の政府命令線は横浜―上海間で、門司を経由していたが、周佛海のいた鹿児島から門司までは、上海航路に接続する急行列車と夜行列車が結んでいた。もし周佛海が夏休みに入った翌日の七月十二日に鹿児島を出発して門司へ向かい、翌十三日、芥川龍之介と同じく門司港から乗船して上海へ向かったとすれば、僅か二昼夜の船旅である。従って最も早くて七月十五日には上海に到着した計算になる。長崎―上海間の定期航路便の「日華連絡線」が開設されるのは一九二三年のことだから、周佛海はまだ利用できない。「日華連絡線」は開設と同時に本線に変更されて日中間の大幹線になった。就航した日本郵船の客船「長崎丸」や「上海丸」は旅客重視の貨客船で、それまでの貨物中心の貨客船と比べて、設備の点で格段に優れていたという（「上海航路」「長崎港」、ウェブサイト『百年の鉄道旅行』）。

張国燾は周佛海に対して、かなり好感を抱いたようだ。

「彼（周佛海）は活発な青年だ。湖南の田舎臭さはとっくに抜け切ったようで、さっそうとしておしゃれで、ちょうど上海人のようだ。彼は日本の社会主義運動について筋道だって話し、大会の準備にも積極的に参加した」（前出『我的回憶』）

七つの地区からやってきた代表の名前と年齢を、もう一度まとめてみよう。

上海代表──李漢俊（三十一歳）、李達（三十一歳）。
北京代表──張国燾（二十四歳）、劉仁静（十九歳）。
済南代表──王尽美（二十三歳）、鄧恩明（二十歳）。
長沙代表──毛沢東（二十八歳）、何叔衡（四十五歳）。

武漢代表──董必武（三十五歳）、陳潭秋（二十五歳）。

広東代表──陳公博（三十一歳）、包恵僧（二十六歳）。

日本代表──周佛海（二十四歳）。

以上、十三名である。平均年齢は二十七・八歳。まさに中国共産党の誕生に相応しい若さとエネルギーに溢れた男たちだ。各地の共産主義グループのメンバーの総数は、五十二名（資料によっては五十八名）であったという。


これでようやく全員が揃った。

代表たちは数人を除いて、事前に李達の妻・王会悟が手配しておいた白（伯）爾路三八九号の博文女学校の寄宿舎に泊り込んだ。触れ込みは「北京大学夏季旅行団」である。包恵僧が博文女学校へ行ったとき、そこにはすでに八人の男たちが到着していた。長沙の毛沢東と何叔衡、武漢の董必武、陳潭秋、済南の王尽美と鄧恩明、北京の劉仁静、それに日本から帰国した周佛海だった。寄宿舎には家具らしいものは何もなかったので、床に筵《むしろ》を敷いて寝た。蒸し暑い上海の夏のことだから、かえって涼しさを誘ったのが幸いだった。包恵僧は周佛海と同室になった。

張国燾は準備作業に都合がよいという理由で、それまで宿泊していた簡易旅館の大東旅社に居つづけ、新妻同伴の陳公博は繁華街・南京路にある一流の大東ホテルに腰を落ち着けた。上海に家のある李達と李漢俊は無論、自宅住まいである。

七月二十日を大会の開催日に予定していたが、代表全員が揃ったのは七月二十二日。さっそく翌日の七月二十三日から大会が開かれた。十三人の代表以外に、コミンテルン代表のマーリンとニコルスキーも参加した。会議の場所は、貝勒路樹徳里三号にある李漢俊の自宅になった。

この会議の開催場所について、陳公博は論文「私と共産党」(『寒風集』所収、地方行政社、一九四四年)の中で、詳しく記述している。それによれば、会議は当初、毎日場所を移して開かれる筈だったが、いざ蓋を開けてみると、連日李漢俊の家で開かれた。不思議に思って、会議の進行役である張国燾に尋ねてみたところ、彼はこう答えたという。

「李漢俊は小心なくせに、知識をひけらかして生意気な奴だ。だから、彼の家をずっと使えば、彼がびくびくするだろうと思ってね。いい気味だろう?」

この一件から、陳公博は張国燾を嫌な奴だと感じたようだ。それとは対照的に、学究肌の李漢俊と李達には好感を抱き、広東へ帰った後にも褒めていたという。

陳公博の著書は数冊あるが、いずれも歴史的評価が高い。なかでも後に留学したアメリカのコロンビア大学経済学大学院の修士論文として書いた英文の論文には、中国共産党第一回代表大会における「綱領」だとほぼ認定される内容が含まれていて、貴重な史料になっている。

だが、そうした歴史的評価以上に、私にとっては率直で飾らない文章と明快な論旨が魅力的に感じられる。竹を割ったような性格というか、まるで夏目漱石の小説『坊っちゃん』に出てくる主人公のようだ。一本気で明るくて、悪戯好きな、愛すべき人物をつい想像してしまうのである。

十三人の社会主義者たちが上海に勢ぞろいした。

この時点で、彼らは互いに初対面か、あるいは初体面に近い関係にある。にも拘らず、彼らが先ずやったことといえば、互いを冷徹に観察し、値踏みし、腹を探りあいながら、自分の優位さを確保しようと躍起になったのである。こうしてかすかな軋み音を発しながらも、男たちはいよいよ本番の代表大会に臨むことになった。

第七章　中国共産党第一回全国代表大会

早くも学究派と過激派が対立

一九二一年七月二十三日、初めての会議が開かれた。参加したのは各地の代表十三人に、コミンテルンの代表マーリンとニコルスキーを加えた、総勢十五人である。

会場は前章で述べたように、フランス租界にある貝勒路樹徳里三号の李漢俊と彼の兄・李書城が住む高級住宅だった。三十九歳になる李書城は、孫文の片腕・黄興の側近を勤めて中国同盟会の幹部となり、この頃すでに広東政府の実力派の高級武官であった。今、李書城はちょうど湖北省に出張中ときているから、その留守宅で会議を開くのは、官憲の目をくらますためには打ってつけであった。

この家は閑静な場所にあり、上海独特のタウンハウス様式で高い塀に囲まれ、頑丈な門扉によって外界から完全に遮断されている。邸宅の裏側は別の通りにも面していて、望志路通り一〇八号、一〇六号という地番があり、裏口から直接出入りすることができた。もし会議の途中で不測の事態が起きれば、すぐに脱出できるメリットが大きかった。

李書城の高級住宅だった「中共一大会址紀念館」

わずか数ヶ月前の三月末から四月はじめ頃、大阪毎日新聞社の「社友」として上海を訪れた芥川龍之介は、まさにこの邸宅に住む李漢俊を訪ねたのである。そして芥川が通された一階の応接間こそが、中国共産党第一回全国代表大会の記念すべき会議の場所であったのだ。

芥川は会見記で、一階の応接間は簡素そのもので、めぼしい装飾品もなく、大きなテーブルに数脚の洋風の椅子があるきりだと描写している。十

会議が開かれた部屋

五人の男たちはその大テーブルの周りに集まり、洋風の椅子にそれぞれ腰を下ろしたのであろう。芥川が見た室内の光景は、おそらく男たちが見たものとほぼ同じであったにちがいない。

午後八時。会議の口火を切ったのは、準備作業に没頭した張国燾だった。

「私（張国燾）は主席に選ばれた。中国共産党第一回全国代表大会の開幕を宣言した。次いで、事前に決めた四項目の議事日程が通過し、会議を毎日午前と午後の二回に分けて開くことを決定した」と、彼は自著『我的回憶』に張り切って書いている。「主席」というのは「議長」か「進行役」のことにちがいないが、彼の筆にかかると格上げされてしまう傾向がある。

李達によれば、張国燾の開会宣言の後に、マーリンが英語で祝辞を述べ、中国共産党が成立したことをコミンテルンに電報で知らせた。

　包恵僧は、その祝辞に続いて、マーリンが「コミンテルンの歴史的使命と中国共産党」というテーマで演説したと記しているが、この題名は包恵僧が後になって内容を説明するために勝手につけたものかもしれない。

「マーリンは当時四、五十歳。大柄で両の鬢までひげが生えていた。彼はマルクス、レーニン学説に精通していて、釣鐘のような大声で滔々と話し、縦横無尽な弁舌ぶりで、午後八時から深夜一時まで話し続けた。彼は英語で報告し、李漢俊、劉仁静、周佛海が通訳し、我々はおおいに目を開かれた。……（当時のメンバーは）武漢支部《ママ》に労働者が一人いるほかは、全員インテリばかりだった。マーリンも労働者が少ないことを指摘し、今後は工場労働者にアプローチするよう述べた」（前出『包恵僧回憶録』）。

　ニコルスキーも挨拶したが、朴訥とした人柄と簡単な挨拶のために、印象は薄かった。

　その日の晩は、マーリンの長広舌をみなで拝聴しただけで解散した。

　二日目も、李漢俊の家に集まった。今回は中国人の自主性を重んじる意味で、マーリンとニコルスキーは参加しなかった。

　張国燾は、「私はみなに党の綱領と政治綱領（工作計画）の草案を作成した経緯を説明し、起草と審査をした同志は『中国共産党成立宣言』の草案を大会に提出し、討論の基礎にしようとした。しかしその後詳しく検討してみると、内容がまだ整わず、はっきりした政治綱領もなかったため、まだ機が熟していないとして異論が出た。それで自由に発言して討論してから宣言を決めようということになった」(前出『我的回憶』)。そのため代表たちは各地の宣伝活動の様子や政治環境について報告しあい、二日目は和やかな雰囲気の中で進行した。

周佛海は上海に来て以来、ガールフレンドができて恋愛にのめりこんでいた。代表たちは会議の合間に時折彼のことを話題にのぼらせて、冷やかしたりした。

七月二十五、二十六日の二日間は休会とした。中国共産党綱領の草案を起草し、今後の工作計画に関する決議文書案などを作成するためだった。

波風が立ち始めたのは、七月二十七日から始まった三回目の会議以降だ。

議題のひとつは、「中国共産党の基本方針として、プロレタリア独裁をはっきり打ち出すかどうか」だった。張国燾は記す。

「李漢俊がまず他人とちがう意見を口にした。現在、世界ではソビエトで十月革命が起こり、ドイツ社会民主党の革命もある。中国の共産主義がいったいどのような党綱領と政治綱領を立てるかは、まず先にソビエト、ドイツへ人間を派遣して視察し、中国国内でマルクス主義大学などの研究機関を設立して、充分な研究をした後、ようやく最終決定ができると言った」(前出書)。

李漢俊の考えでは、中国は未だ共産主義革命の機が熟しておらず、共産党員自身がまず社会主義について勉強し、労働者たちの意識を高めることに役立てるのが先決問題であり、プロレタリア独裁を掲げて本格的に労働運動に着手するのはまだ時期尚早だという意見である。

真っ向から反対したのは最年少の北京代表、劉仁静だった。彼は、

「中国共産党はマルクス主義を革命のバイブルとし、武装暴動で政権を奪取し、プロレタリア独裁を打ち立てて、共産主義を実現することを最高原則にすべきだ。……中国共産党は単なるマルクス主義の研究機関であるべきではなく、……積極的に労働運動に従事し、共産革命の準備とするべきだ」(同前)と主張した。彼は他人が読んだことのないマイナーな書籍まで引き合いに出し、延々と知識を振りかざして代表たちを煙に巻いたという。彼の胸の内には、社会主義者としてすでに名を馳せていた学者・李漢俊に対し

て、議論で言い負かしたいという密かなライバル心があったのかもしれない。

「陳公博が時折彼（李漢俊）に対して同情を示したほかは、全ての代表が彼（李漢俊）に対して大なり小なり批評した」（同前）。

最終的に、大多数の代表が「プロレタリア独裁」を基本方針とすることに賛成し、李漢俊の意見は退けられた。


二つ目の議題は、「実際問題として、労働運動に着手すべきかどうか」である。

ここでも李漢俊は時期尚早だと反対した。というのも、二ヶ月ほど前の五月一日、李漢俊たち上海の「共産主義グループ」は労働者たちを扇動して初めて小規模な「メーデー行進」を実現したが、官憲の取り締まりに遭って解散させられ、運動自体も尻つぼみになり、未熟な扇動方法を反省させられたばかりだったからだ。本格的な労働運動を広めるためには、先導者たる自分たちがまず確固とした戦略方針を打ち立て、労働者たちにも十分な宣伝と教育を施して意識を高めることが急務だと主張した。だが、マーリンの指摘等もあり、労働者への入党宣伝と労働争議の積極的な指導を打ち出すことが、大方針として決議された。

三番目の議題に移ったとき、意見の対立はさらに激しくなり収拾がつかなくなった。「孫文を代表とする広東政府や、他の革命組織を支持するかどうか」という問題と、「共産党員が広東政府の議会議員や政府機関に就職・就任することを認めるかどうか」が、争点である。

李漢俊の見解が賛否両論を引き起こした。

彼は、「我々の党員は議員になってもよいし、役人になるのを危惧することはない。表向きの職業と秘密の（共産党）活動を結びつけるべきだ。（共産）党は適当とおもわれる党員を選抜して、資本主義政権の議会に参画させ、あるいは資本主義政権の役人に据えて、共産主義者の主張を宣伝し、プロレタリア革命の準備をすればよい」と主張した。

陳公博が全面的に賛成したのに続いて、李達も賛成した。

劉仁静は即座に異を唱え、「国民党と議会活動に多大な幻想を抱くべきではない」と、真っ向から反対した。

劉仁静の考えでは、共産党員が議員や役人になれば、自分の原則を見失い、共産党そのものが変質し、資本家階級の一部になってしまう。そのような平和的なやり方ではなく、プロレタリア階級を指導して、資本家階級と決然と対決すべきだというのである。

張国燾が劉仁静に同調し、さらに激しい言葉を吐いた。包恵僧も追随したが、彼はどうやら陳公博と李漢俊をやっかんでいた節がある。

「陳公博は北京大学を卒業後、陳独秀の伝手で国民党とコネを作り、広東法律専門大学の教授の職にありついた。（共産党活動の）宣伝員養成所の所長で、『広東群報』の編集長にもなっていたから、おおいに自惚れていた。李漢俊は日本の帝国大学を卒業して帰国し、上海の『星期評論』と『新青年』の中で頭角を表し、しかも李書城の政治的バックもあって、売り出し中だったのだ」（前出『包恵僧回憶録』）。

陳公博は、張国燾の強引な言い方に怒り心頭に発した。

「張国燾の傲岸不遜な態度には我慢がならない。……共産党員が政治に参加してはならないばかりか、学校の校長になることすら許さないというのだから、言語道断だ」（前出「私と共産党」）。

李漢俊、陳公博は、こうした四角四面の規定を設けることに強硬に反対したが、進行役の張国燾は巧みに中間派の代表たちを味方につけて、賛成多数で決議した。

広東出身の陳公博にとって、「孫文不支持」の決議はまさに青天の霹靂だったはずだ。孫文の地盤である広東では、心ある人々はみな孫文ら革命派を尊敬し、支援を惜しまなかった。そうした情況を日頃から熟知し、実際の奮闘ぶりを目にする機会もあっただろう陳公博にとって、革命の先達・孫文は尊敬こそすれ、今生まれようとしている革命組織・中国共産党が「不支持」を掲げる理由など、どこを探しても見つからなかったにちがいない。

陳公博は飛び上がらんばかりに驚き、周佛海、李漢俊と善処の方法を相談して、なんとか打開策を講じようと試みた。そして最終的に、この宣言を発するかどうかは陳独秀に一任すべきだという会議の結論に持ち込んだ。

陳公博はひどく落胆した。

「上海（の会議）では真っ二つに決裂し、互いに摩擦を起こし、軋轢を生じた。……（私は）内心冷ややかさを覚え、大会に参加する熱意も一挙に冷え切ってしまった。いずれ機会を見つけて（共産党を）退こうという気になった」（前出「私と共産党」）。これが後に彼が中国共産党を脱退する大きな原因のひとつになったと、陳公博は記している。

李漢俊にしても、似たような気持ちであったにちがいない。日本留学中に兄・李書城が中国同盟会に参加し、孫文や黄興の下で革命に明け暮れ戦ってきたのである。李書城は今も広東政府の軍人だ。その兄の戦いぶりをつぶさに知っている李漢俊にとって、孫文派の革命にかける意気込みは誰よりも理解できる。それに対し易々と「孫文不支持」の宣言を発することなど到底賛成できるわけもなく、あまりに現実を無視した幼稚な戯言としか映らなかっただろう。

周佛海の場合も、黄興が崇拝する西郷隆盛の出身地・鹿児島で学ぶ現役の高等学校生である。先輩格の革命家たちの情熱と努力はいやというほど耳にしたはずだ。その先輩たちを軽視することには戸惑いを覚えただろう。もっとも彼の場合、この上海にやってきて知り合った女性と、今は恋愛の真っ最中である。口角泡を飛ばして罵りあう会議に身をおいていても、内心は気もそぞろであったかもしれない。

張国燾は『我的回憶』の中で、「意見の対立は大会に暗雲をもたらした。私は李漢俊の意見を批判する主だった発言者だった」と言っているが、事実、張国燾と劉仁静はそれ以後もことごとく李漢俊の意見に反対したし、陳公博、李達、周佛海らはますます李漢俊の肩を持って反駁し、二派に分かれて対立する構図ができあがってしまった。

つまるところ、マルクス主義学説に関心をもつ学究派の面々は、研究と普及に主眼を置こうとしたのに対して、革命も労働運動もまだ知らず、理屈だけで割り切ろうとする過激派の面々は、一刻も早く労働者たちを巻き込んで武装闘争に着手すれば、それだけ早く理想の国作りに近づくと信じたのである。たとえそれが現代に生きる私たちから見れば、ただの「絵に描いた餅」であり、幼稚な考えのように映ったとしても、若さとエネルギーに溢れ、理想に燃えた頭でっかちの若者たちは、輝かしい未来へ続くと信じた道を一途に突き進むほかなかったのである。

二派に分かれた男たちが舌戦に火花を散らしている間、会議に出席していた他の代表たちがどんな様子だったのか、めぼしい記述は残っていない。おそらく両派の応酬の激しさに気圧されて呆然と眺めながら、時おり相槌を打ったり、短いコメントを発したりしていたのではないだろうか。

済南代表の王尽美と鄧恩明は、おそらく高校時代の習性で、「話を神妙に聞きながら、要点をメモして」(張国燾) いたのだろう。

「毛沢東はずっと黙りこくったまま、首を掻いたりしながら独りで考えにふけり、他人の目を気にしなかった。同志たちは彼のそうした態度に、あいつは神経質なんだと言った」(「李達自伝」『李達評伝』所収)。毛沢東は発言が極端に少なく、存在感もかなり薄かったのである。

包恵僧は、李漢俊に反対してはみたものの、その一方ではまた張国燾にも反感を抱かずにはいられなかった。

「党の収入と会計は張国燾がひとりで握り、大会でも委員会でも報告せず、代表たちの旅費の支払いも好き勝手にやっていて、だれも質問しなかった。こんなやり方に、我々はみな不満を感じていたが、はっきり言う者はいなかった。大会が終わって各地に引き上げる代表を除き、上海に残った周佛海、李漢俊、李達と私はみな同じ意見だった」（前出『包恵僧回憶録』）。また、こうも言う。

「張国燾のやり方は間違っている。公私混同は明らかだ。私や李達、李漢俊、周佛海はみな不満だった。次いで、張国燾は北京大学の同級生たちで徒党を組んだ。徒党を組むのは北京（代表）から上海（代表）へ広がり、武漢（代表）でもひどかった。（その後）李漢俊、李達は党籍を剝奪され、私も脇へ追いやられた」

さらに、その後のことについても、「彼は党内で好き勝手に跋扈し、表面的には陳独秀に恭順なふりをしながら、内心では舌を出していた」というほどだから、張国燾の横暴ぶりは目に余るほどに増長していくのである。

密偵だ！

不可解な事件が起きたのは七月三十日だった。

それまで会議に出席しなかったマーリンが張国燾の報告を受けて、再び参加して意見を述べたいと言い出し、ニコルスキーと共に参加した日のことであった。周佛海は腹の調子が悪いという理由で欠席していた。

この日、通算六回目の会議がはじまった。マーリンが話し始めようとしたその時、突然、ドアが開いて見知らぬ男が顔を出し、部屋の中をきょろきょろ見回した。

「だれですか？」

家主である李漢俊が咎めた。

「各界連合会の王会長に会いたい」と、男は返事をした。

「そんな人はここにはいません！」

李漢俊が即座に答えると、男は、「すまん、間違えた」と言い残し、慌てて首を引っ込めると、そそくさと立ち去った。

李漢俊の棟続きの家には、確かに上海各界連合会の事務所があった。だが会長職はなく、王という名の人物もいない。

「あれは誰だ？」と、マーリンが緊張した面持ちで聞いたが、だれもわからなかった。
「きっと密偵だ。会議は即刻中止して、みな分散しろ！」と、マーリンが叫んだ。
その言葉に、代表たちは慌てて立ち上がり、普段は使われないほうの正門から次々に出て行った……。

このエピソードは中国ではつとに有名な話で、歴史の研究書でも簡単なガイドブックでも、ほとんど似たように描かれている。出典がほとんど数人の回想録によっているからである。

面白いことに、この同じ場面が張国燾の手にかかると、微妙にニュアンスが違ってくる。彼は『我的回憶』にこう記している。

「私はすぐさま皆に文書を始末させ、その場を離れる準備をさせた。そしてそのことをマーリンとニコルスキーに向かって通訳して聞かせた。マーリンはひどく緊張して座席から飛び上がり、手でテーブルを叩いて言った。『会議を即刻停止して、全員解散しよう』。言い終わると、彼とニコルスキーは真っ先に出て行った。各代表もつづいて解散した。私が最後に出ようとする時、『(自分は）家主として離れるわけにはいかない』という李漢俊の声が聞こえ、次いで陳公博も一緒に残ると言った……」
これでは張国燾のリーダーシップが際立ちすぎている。どこまでも自画自賛に終始するのである。

とにかく、家に残ったのは李漢俊と陳公博の二人きりだった。

その後のことについては、陳公博が「私と共産党」に詳しく書き残している。その顚末を以下に要約してみよう（会話文は著者訳）。

数分後、三人のフランス人警官と四人の中国人の刑事がやってきた。

「この連中が入ってきた途端、一気に緊張が高まった。二人は私が席を離れないよう監視し、話すことも茶を飲むことも許さなかった。その他の連中は李漢俊を監視しながら部屋のいたるところを捜索した。フランス租界警察のリーダーが、だれが家主かと問いただし、漢俊が慌てず騒がず自分だと答えた。こうして一時間近く捜索し、洗いざらい見たが、引き出しに入っていた共産党綱領の草案には目もくれなかった。もしかしたら武器はないかとばかり気にして、隠しそうな場所を捜しまわったために、公然と置いてあるものに注意が向かなかったのかもしれない。あるいは大きなざら紙に書いた綱領が、何度も書きなおして真っ黒になっていたので、ただの紙くずだと思ったのかも知れなかった」

一時間近く捜索した後、フランス人の警官がフランス語で李漢俊に詰問した。

「なぜこんなに沢山の社会主義関係の書籍があるのか？」

「私は教師ですし、商務印書館の翻訳もしていますから、どんな本でも読まなければなりません」と、李漢俊は暁星中学時代に習い覚えたフランス語で答えた。

「あの外国人ふたりはどういう身分の者たちだ？」

「英国人で、北京大学の教授です。夏休みなので上海へやってきて、よく話しに来ます」

李漢俊は澄まして答えた。

今度は陳公博に向かって尋問したが、陳公博がフランス語を解さなかったので、英語に切り替えて厳かに問いただした。

「あなたは日本人か？」

「私は百パーセント中国人です。なぜ日本人だと疑うのか、理解できませんね」

陳公博は笑いながら答えた。

「中国語は話せるか？」

「私は中国人ですよ。当然中国語もわかります」

「今回はどこから来たのか？」

「私は広東から来ました」

「どんな目的で上海へ？」

「私は広東法律専門大学の教授ですから、夏休みに上海へ遊びに来たのですよ」

「滞在先はどこか？」

「ここです。ここに滞在しています」

フランス人の警官は物証が得られなかったのでやや態度を和らげた。そして立ち去り際に釘を刺した。

「二人ともインテリのようだが、きっとなにかしら意図していることがあるのでしょう。だが中国では教育が普及しないことには、なにも始まらない。今後は教育に力を注ぐように。今日のところは証拠がないので、許すことにしましょう」

その晩の十時過ぎ、李漢俊の自宅を出た陳公博は、尾行されていることに気がついた。

大東ホテルには社会主義関係の書籍や広東共産党の書類が置いてある。このままホテルに戻るわけにはいかない。尾行を撒こうとあちこち歩き回った挙句、繁華街の大世界に行って本屋をのぞいたり遊技場に入ったりした後、野外映画の上映会場に飛び込んで尾行をかわし、暗闇に紛れて人力車でホテルへ帰り着いた。

部屋に戻った陳公博はすぐさまドアに鍵をかけ、箱を開けて書類を取り出し、燃やして痰つぼへ放り込んだ。それから新妻に事のあらましを説明した。

蒸し暑い夏の夜だった。夜半に雨が降り、ようやく浅い眠りについた矢先に、突然、女の鋭い悲鳴で叩き起こされた。陳公博は飛び起きて、そっとドアを開けてみたが、廊下には人影ひとつなく、夢を見たかと思った。

翌朝九時、ボーイがやってきて、「隣の部屋で早朝に男が出て行った後、掃除係が入ってみると、連れの女が床に倒れて死んでいるのを発見した。銃弾を一発浴び、首をタオルで絞められているので、どうやら連れの男が殺したらしい」と告げた。

ぐずぐずしていると、捜索にきた警官から事件の証言を求められるかも知れない。昨日の李漢俊の家での一件もあるから、面倒なことにならないとも限らない。長居は無用だと判断した陳公博は荷物をひとまずホテルに預けたまま、杭州に遊びにいくと断って、妻と一緒にホテルを後にした。

その足で代表たちのところへ行き、事件のあらましを告げるのと同時に、今後の会議の予定について聞いてみた。会議は延期になったという。次回の開催場所も時間もまだ決まっていない。それでは妻と一緒に杭州へ観光に行こうと決めて、その日の午後の列車で上海を旅立った。

その三日後、上海へ戻った陳公博が周佛海を訪ねると、会議は場所を移して一度だけ開かれたが、代表大会はもう終幕になったと告げられた。陳公博は上海に残った数人と二、三度話をした後に、船で広東へ戻っていった。

最終会議は南湖の屋形船

一九二一年八月一日、中国共産党第一回全国代表大会は、最終回の会議を開催した。

上海で開くのはもう危険だと考えた代表たちは、機転をきかせた李達の妻のアドバイスで、上海からほど近い浙江省嘉興にある南湖に場所を移し、屋形船を借り切って会議を開いた。カモフラージュのために食べ物を持ち込み、船遊びだと称して終日船上で話し合ったのだった。

この最終回の会議で、中国共産党の綱領と決議が採択された。共産党中央局を新たに設置し、中央局の書記に陳独秀を選出した。宣伝部長に李達、組織部長には張国燾が決定した。陳独秀が上海へ戻ってくるまでの間、李達が臨時に書記代理を務めることも決まった。

南湖に再現された屋形船

今日では、この最終会議を開いた南湖のほとりに、屋形船が復元されている。「中国共産党第一回大会の開催場所」を指し示す看板があり、観光名所になっている。中国の小・中学校の歴史学習では必見の場所である。
上海での会場となった李書城、李漢俊兄弟の自宅を修復した記念館には、当時の会議の様子を再現するために十五体の蠟人形が据えられ、往時の様子をうかがい知ることができる。
だが、その展示方法はいたって安直としか言いようがない。

毛沢東が立って片手をあげて演説しているのを全員が聞いているという配置は、ただの愛嬌として笑って済ませられることだが、問題は蠟人形の作り方である。

十三人の中国の代表をかたどった蠟人形は、皆それぞれの子孫が所有していた数少ない写真を参考にして製作されたという。コミンテルン代表のマーリンも、著名な共産主義者であったことから写真が見つかり、その風貌を再現した。

だが実は、ニコルスキーの写真はどこを探しても見つからず、苦肉の策として、かつて中国で共産党の結成を題材にしたテレビドラマを製作した際、ニコルスキー役を演じた外国人俳優の顔をそのまま借用して作ったというのである。中国の歴史検証の実態とは、かくも奇想天外で自由奔放なのである。

第八章　一九二七年、李大釗の死、そして李漢俊

張国燾のライバル心によって失われたもの

湖北省の省都、武漢市は、揚子江と漢水の合流点にある水陸交通の要衝である。古くから政治、経済、文化の中心地として栄えたが、明代に大型船舶を使用した大量輸送が可能になったことから水運が発展し、武漢に隣接する漢口も新興商業港として急速に栄えた。イギリスは一八六一年、漢口にいち早く租界地を作ったため、それ以後は経済の大部分が外国資本に独占されるようになった。

その武漢で、労働者のストライキが頻発していた。一九二一年十月、粤漢《えっかん》鉄道（広

東・武漢間の幹線鉄道）の機関車労働者がストライキを実施すると、十二月には漢口租界の人力車夫が賃金値上げを要求してストに突入し、翌二二年七月に漢陽製鉄所、九月に粤漢鉄道の武漢・長沙間の鉄道労働者によるストライキが立て続けに発生して、ついに湖北省全体の労働運動に火がついた。

湖北省出身の李漢俊が上海から武漢へ戻ったのは、そんな時期のことである。

一九二二年初春、武昌中華大学（現華中師範大学）と武昌高等師範学校（現武漢大学）の教授に就任した李漢俊は、論理的で明快な講義が学生たちの人気の的となり、評判を聞きつけてやってくる他校の学生も多く、教室はいつも学生で溢れかえって、窓枠に腰掛けたり窓から覗き込んで聞く者もいたほどだった。

その一方、彼は武漢の共産党組織と連係をとり、学生たちを引き連れて労働者を訪ねて「権利」と「義務」について語り、団体交渉の重要性を説いた。またしばしばストライキを扇動して外国人資本家との団体交渉の矢面に立った。「学生運動」と「労働運動」を結びつけて、プロレタリア革命を起こすこと。それが彼の理想とする革命の姿であった。

一九二三年二月、ついに鉄道の大動脈である京漢鉄道（北京・漢口間の幹線鉄道）で、全労働者が参加する総工会（労働組合）が発足した。一日、鄭州で開かれた発足大会には一千人余りの労働者の代表たちが集まり、共産党の指導者の一人として李漢俊も学生数人を引き連れて出席した。

当時、武昌高等師範学校の学生として発足大会に参加した趙春柵は、その時目撃した李漢俊の様子をこう語っている。

「（発足大会では）ある代表が他人の手を取って踊り出しました。鄭州に労働者の代表たちが集まったことがよほど嬉しかったのでしょう。私たちの李漢俊教授まで、普段はとても慎み深いのに、この時ばかりは一緒に踊り出してしまったのです」（「〝二七〟の追憶」、武漢市委員会機関紙『長江日報』、一九八〇年二月十日付）。

だが、大会の議事が進行するにつれて、李漢俊の喜びは次第に苛立ちへと変わっていった。共産党代表として出席した張国燾ら数人のグループが、直隷派の軍閥・呉佩孚《ごはいふ》に対して強硬な内容の「十項目の要求」を突きつけようと提議したからである。

李漢俊は即座に反対した。「目下の情況では過度の要求はすべきでない。京漢鉄道総工会は、絶大な権力で京漢地域を支配する呉佩孚の黙認があればこそ、設立できるのである。もしも呉佩孚が反対して鎮圧に乗り出すようなことがあれば、総工会の発足自体がおぼつかない。当面の要求項目は呉佩孚が許容できる一項目程度にしておくほうがよい」というのが、彼の認識であった。だが労働者たちは聞く耳を持たなかった。張国燾らの威勢のよい方針演説が熱狂的な支持を受けて、満場一致で「十項目要求」が決議されたのである。

大会終了後、「十項目要求」を掲げた労働者たちはデモ行進に移った。午後四時、軍警察がデモ隊を包囲すると銃を突きつけ、「即刻散会」を命じた。デモ隊は反発して激しく衝突し、軍警察による銃撃で多数の死傷者が出た。

二月四日、京漢鉄道は抗議の大規模ストライキに突入した。七日、軍警察は首謀者の摘発に乗り出した。労働者四十人を射殺し、二百人以上が負傷。共産党員二人が惨殺された。李漢俊も「指名手配者リスト」に名が載ったが、幸いにも摘発直前に知らせてくれる者がいて、危うく難を逃れて列車に飛び乗り、兄・李書城の住む北京へ逃亡した。

鎮圧後、京漢鉄道総工会は壊滅し、混乱をきたした労働者組織は分裂した。

北京の兄の家に身を寄せた李漢俊は、兄の紹介で北京政府の教育省に臨時の仕事をみつけ、しばらく滞在することにした。議員と親しくなり、労働者の権利獲得を法令化するよう働きかけたり、議案作成を手伝ったりした。

共産党中央が李漢俊を除名処分にしたと「通告」して寄越したのは、その後間もなくのことであった。

この前後から、李漢俊と中国共産党の見解は微妙な食い違いを見せるようになる。

実は、李漢俊は一九二二年に開かれた第二回全国代表大会にも、二三年に開かれた第三回全国代表大会にも出席していない。それにも拘らず、第三回全国代表大会では、欠席した李漢俊が中央執行委員候補に選出されている。これはいかにも奇妙な話である。

しかも、第三回全国代表大会が終了した直後、コミンテルン代表のマーリンだと思われる人物が北京へ戻る李大釗に、李漢俊に宛てた手紙を託している。

「親愛なる李漢俊同志」という書き出しで始まる手紙は、次のような内容だった（「李漢俊被党除名之探討〈李漢俊の党除名についての検討〉」、田子渝著、李丹陽女史提供）。

一、幾度も参加するよう頼んだが、君が欠席したのを残念に思っている。

二、第一回全国代表大会で北京代表が君を批難したのは、誤りだった。その時もその後も私はなんどもそう口にし、今では同志たちも私の意見に賛成しているから、君が党外で活動する理由はない。

三、君が北京で官職についたと誤解し、「通告」を発した措置はすでに取り消された。「通告」は間違った情報を得て発したことで誤りだったと判明した。昨年の多くの事柄でも誤りがあったが、今回の大会で是正された。

四、君には即刻工作に復帰してほしい。目下の急務は毎月の宣伝工作だ。きみは陳独秀同志を助けて共産党機関紙の『前鋒』を責任編集するとともに、新たな季刊雑誌を発行してほしい。陳独秀同志も君の助けを必要としている。

五、北京では李大釗を助けて、国民党改組派を「民族革命政党」に改編してほしい。

六、湖北省に戻って武漢の組織を手助けし、労働組織を分裂から救い、統一戦線工作に参加してほしい。

手紙の最後には、「どうか我々を助けてほしい！　私が中国を離れる前に、君の住所を知りたい。常に手紙をやりとりし、私が国外にあっても連絡をとれるようにしてほしい」と結んでいる。

この手紙の内容から推測すると、李漢俊はこの時点ですでに自主的に中国共産党を

「離党」しているかのようだ。

マーリンは第三回全国代表大会の終了直後、コミンテルンに宛てた報告書でも李漢俊についての問題を詳述した後、「我々はこうして一人の優秀な理論派幹部を失った……」と印象的な言葉で、李漢俊の「離党」を伝えているのである。

この手紙を受け取った李漢俊は、どんなことを思ったのだろう？　少なくとも心を動かされたらしいことは、その後の行動が物語っている。李漢俊は直後に北京政府の仕事をやめて、武昌高等師範学校の校長の招きに応じて武漢へ戻ったのである。

武昌高等師範学校の歴史社会学系の教授に就任した彼は、意欲的なカリキュラムを組んだ。中国で最初の「唯物史観」の講座を開設し、新科目の「社会学」を受け持ち、世界中の各種学説と学派について精力的に紹介した。

彼の講義には以前にも増して学生たちが殺到した。だが間もなく汚職に絡んで教職員が対立し、学内紛争が長く尾を引いた末に改革派の教授たちが去り、李漢俊も辞職するより方法がなかった。

李漢俊と共産党との関係について言えば、この時期、さらに奇妙な展開をみせている。

というのも、再度武漢に戻った李漢俊は、しばらく後に中国共産党から正式に「除名」されたからである。これはいったいどういうことなのか。除名の理由はなにか。日時はいつなのか。また「離党」と「除名」とはどう関係しているのだろうか。

数少ない証言からうかがい知れるのは、李漢俊が党内で「少数派、経済派」（蔡和森）であったことや、「右傾的観点」（陳潭秋）を持ったことが、中国共産党から「除名」処分を受ける原因になったと考えられてきたというだけである。だが具体的なことは一切わからず、長い間大きな「謎」として残されてきた。


その「謎」が解明したのは、ようやく一九九〇年代後半に入ってからのことである。党史研究者の田子渝氏が、台湾にある中国国民党党史館に保管されていた李漢俊直筆の「湖北省改組委員会職員登記表」を発見したことから、ようやく事実が白日の下に晒されることになった。

「湖北省改組委員会」とは、武漢にできた国民政府（左派）の機関で、登記表は李漢俊がその委員に就任する際に記した身上書のようなものである。登記表が書かれたのは一九二七年九月十日。前出の「李漢俊被党除名之探討」によれば、その中に「共産党または共産主義青年団への加入から離党あるいは除名に至る経過、秘密情況の詳細報告」という内容が含まれていて、そこには「一九二三年五月五日に北京から中国共産党中央に宛てて書いた手紙で『離党』の届出をした」とあった。

あえて「離党届」を出した理由について、李漢俊はこう書いている。

「共産党が成立する際、（私は）コミンテルンから無条件で資金援助と命令を受けることを潔しとせず、国民党を援助せよと主張したことを（皆から）拒否された」。また上海の共産党の代理書記を任されていた頃、労働組合の指導者（田氏によれば、張国燾のことを指す）と社会主義青年団に腐敗問題があったので、速やかに解散するよう主張したが、逆に「公開の場で罵られ反対されたばかりか、陳独秀も広東から手紙を寄越して攻撃してきた」。また、第一回全国代表大会の席上、国民党への援助と職業別労働組合の組織化を再三唱えたところ、同志たちから「強硬な反対を受けて否決された」。

こうした事情により、李漢俊は一九二一年末、共産党組織に失望して「一切の責任ある立場を退き、武漢へ行って教育と労働運動に専念した。しかしさらに彼らが種々の誤った主張や行動をとるのを見て、やむを得ず反撃し、それが元で嫌悪感が深まり、甚だしくプレッシャーを感じて『離党』する気になった」。

「離党」する直接のきっかけとなったのは、北京滞在中に共産党中央から除名する旨の「通告」が送られてきた時であろう。それまで漠然とした嫌悪感を抱きつつも踏ん切りがつかなかったのが、「通告」を見て吹っ切れたのにちがいない。李漢俊が「離党届」を出したのは一九二三年五月五日である。

共産党中央が「通告」を発した背景には、おそらく張国燾あたりが、「北京政府の官職に就くことは、党規違反だ」という批判をして、強硬に除名処分を主張したことがあるのではないか。それを真に受けた共産党中央がろくに事実関係の確認もせずに決定した可能性がある。

案の定、この性急な「除名」の決定は、マーリンの手紙にもあるように、第三回全国代表大会（一九二三年）で「誤った措置だった」として撤回された。李漢俊は官職に就いたわけではなく、下級職員か臨時職員だったからだ。

そこまでは納得の行く経緯である。だが、一度は撤回されたはずの「除名」処分が、なぜ短期間のうちに蒸し返され、改めて正式に「除名」されることになったのだろうか。中国共産党の機関誌『布爾塞維克《ボルシエビキ》』第一巻第十一期（一九二七年十二月）には、李漢俊が

「除名」されたのは「一九二四年」と紹介されているが、詳細は不明だ。

もしかして、その背後にも張国燾の暗躍があったのではないか。それを裏付けるような証言がある。一九二五年、武漢出身の革命家の傅光培は北京の李書城の自宅を訪ねた際、李漢俊の口からこう聞いたという。

「張国燾は、私（李漢俊）が知り合いの有名な知識人を共産党に入党させるよう推薦したところ、強硬に反対して、私の党籍を剥奪するとまで言い張ったのです」

この証言は、武漢在住の甘子久《かんしきゅう》氏が傅光培から直接聞いた話である。甘子久氏については後述するが、李漢俊はきっと張国燾の執拗な攻撃に辟易したはずである。

張国燾にとって李漢俊は「天敵」のような存在だったにちがいない。〝出来る〟相手には競争心を燃やし、策を弄してでもライバルを容赦なく叩きのめす。張国燾とは、そんな性格の男ではなかったのか。彼は二〇年代に李漢俊の追い落としに狂奔した後、三〇年代に入ると今度は毛沢東をライバルとみなして、壮絶な闘いをくりひろげるのだが、それについては次章で触れよう。

もっとも、張国燾の意向がすなわち共産党全体の意向とは限らない。どうやら大多数の共産党員は李漢俊に同情的だったようで、一九二五年一月に開かれた第四回全国代表大会の時になって、ようやく李漢俊の正式「除名」を知った党員の中には、その後も陰でずっと李漢俊と接触しつづけてきた人もいたらしい。

李漢俊にしても、「離党届」を出し「除名」された後にも、完全に共産党と縁を切ったわけではない。彼は個人的に信頼する董必武ら数人の共産党員と連携を取りつつ、自分自身の道を模索しようともがき続けるのである。そうした時期の李漢俊の動静を監視する目的で記録した史料が残っている。『李漢俊』（『中共一大代表叢書』、鄭恵ら主編、田子渝著、河北人民出版社、一九九七年）に収録されている、湖北省武昌市共産主義青年団から共産主義青年団中央に当てた報告（一九二五年十月十五日付）である。

「李漢俊は最近極度に反動化し、独立社会党を結党して、我々に向かって攻撃をしかける準備をしている。李漢俊らの綱領では革命を三つの時期に分け、一、資本家階級と妥協する時期　二、資本家階級の政権を奪取する時期　三、成功時期とする。彼らの政策としては、一、すべての反共派と連絡し、CP（中国共産党の英語の略称）、CY（中国共産主義青年団の英語の略称）を打倒する　二、胡適ら著名人と結託する　三、戴季陶を取り込む　四、馮玉祥《ふうぎょくしょう》と通じる（彼によれば馮玉祥が最近会いたいと言ってきた）　五、日本のプロレタリア政党と連合し、第三インターに反対する。

彼らの組織化の方法としては、一、各校の学生から着手する　二、組織の作り方は我々と同じ　三、大学を作り、彼らの巣窟とする（将来は学生を日本へ留学させて人材を養成する準備をする）。

李漢俊、胡鄂公らは最近数度会議を開き、人数はまだ十数人に満たないものの、李によれば、湖北で数百人まで共感者が増えた時点で、さらに増員するために成立大会を開くという」


また、「李漢俊は広州にいる周佛海、長沙の李達、上海の戴季陶らと連絡を取りつつ、四川と北京でも責任者を物色中である」とも記されている。

胡鄂公とは湖北省出身の革命家で、この時四十歳前後。辛亥革命に参加した後、中華民国臨時政府の国会の衆議院議員、湖北省政務庁長官を勤め、北京で湖北省出身の学生を集めて「マルクス主義研究会」を組織した後、中国共産党に入党。後に四三年に中国共産党を離党し、台湾へ渡った。

日本留学組が次第に消えていく

この報告の内容が事実だとすれば、李漢俊は国会議員の胡鄂公と意気投合し、独立社会党という「第三の党」を結成するアイデアを持っていたのである。それが共産党の立場からすれば「反動化」と映るのだが、「反動化」「巣窟」などという感情的な語彙はさて置いても、それがイコール「中国共産党に向かって攻撃をしかける準備」であるとは言い難いのではないか。

また、周佛海、李達、戴季陶の三人はいずれも元日本留学生であり、李漢俊と上海で一緒にマルクス主義の宣伝と普及の活動をしてきた仲間である。日本留学という独特の体験を共有した彼らには、広い世界観と多様な価値観を受け入れる素地があり、豊富な知識もある。そして「第二の古里」ともいえる日本への郷愁や何がしかの思いを深く理解しあえる数少ない友人だっただろう。

だから、私立大学あるいは私塾を創設して大学生を教育し、日本へ留学させて近代知識を学ばせ、中国革命に役立つ国際派の人材を養成しようという構想自体、決して突飛なアイデアではない。知識を吸収する場として日本を信頼している証だともいえよう。

もっとも、この報告の内容が事実かどうかに拘らず、李漢俊が後に「独立社会党」という名の組織を作った形跡はなく、そうした構想自体があったかどうかも不明である。

一九二六年六月、李漢俊は日本の雑誌『改造』の夏季増刊・現代支那号（大正十五年七月号）に、李人傑の筆名で論文を掲載した。同号には、彼のほかにも胡適、高一涵《こういっかん》、馬寅初《ばいんしょ》、陳望道、梁啓超、徐志摩《じょしま》、郭沫若《かくまつじゃく》、聞一多《ぶんいった》ら、当代一流の論客が名を連ね、日本人の寄稿者には幸田露伴、正宗白鳥、犬養健、村松梢風らの名がある。

「中国無産階級及びその運動の本質」と題する李漢俊の論文は、全文約一万二千字、四百字の原稿用紙で三十枚ほどだ。少し長くなるが、一部を抜粋して引用しよう。

「中国無産階級及びその運動の特質を知らんとせば、先ず中国社会最低層の伝統的気質と中国の現在世界における経済的地位を知らねばならぬ」

「中国の労働争議が民国八年の学生運動、即ち五四運動以後に始めたものと、多くの人が考えているようである。しかし実際においては、その前においても随分あったのである。……しからば彼らの闘争相手たる雇主もしくは監督者は誰か？　ほとんどみな外国人である。中国にある新式の産業は……皆外資で建設したものである。従って外国人に管理されている。……（だから）どこの労働争議でも必ず外国人にぶつかる。……労働争議には必ず民族闘争の外衣がつきまとう。……ここに中国が資本主義の植民地であり、中国の労働者が外国資本主義の労働者であるという特質が現れるのである。……実に中国の労働階級はすべての他の中国人がなお未だ民族的に覚醒していない間に、その体験によって覚醒したものである」

「また学生から云えば、……彼ら（労働者）に接近しもしくは彼らの仲間になって、彼らに教育と組織を与えた。彼らはこれによって実力を得、陣容を整えた。そうして運動が激烈になってきた。……しかし外衣はどこまでも外衣であって、肉でもなく、霊魂でもなかった。この外衣の下はやはり労働問題であった。労働対資本の関係であった。彼らは民族的外衣を着し得ても、……国家主義者にはなり得なかった。彼らは客観的に国際的労働者であると同時に、主観的にもまた国際的労働者であった。この故に、彼らの運動は……決して国家的にはならないのである。ここに中国の無産階級及びその運動の一特質が存するのである」

「併し学生は純粋の上滑りの愛国主義者であり、国家主義者であった。……ここにおいて社会主義の研究及び宣伝が盛んになった。五四運動以後の中国で社会主義の研究及び宣伝の盛んになったのは、勿論ロシア革命の影響……によるが、その根本原因から云えば、やはり学生が労働者に教えられた精神にあるのである」

「これより労働者が学生に精神を教え、学生は労働者に知識を教える。これによって、彼らは中国の如何なる革新運動にも離るべからざる二つの中堅的要素になった。……正に（労働者の）この精神が国際的労働者であるがために、その主人が外国資本家及びその代弁者であるがために、一切の革新運動は社会主義という肉と霊との外に民族的外衣をまとわざるを得ないのである」

そして中国の労働者は伝統的に秘密結社に属し、集団生活になれているため、短期間に労働組織を生み出し、団結して行動することが出来ると説き、「（しかし）四億の人口に対して、わずか二百万人の労働者では、如何にしてその使命を果たすか？　ここに中国無産階級の悲哀、否な中国民族の悲哀があるのである。……中国革命は必然的に国際資本主義に処する革命であり、労働運動も必然的に国際運動でなければならず、また事実においてそうである」と結論づける。

一読して驚くのは、論法の鮮やかさである。まず結論を提示し、平易な文体で論拠を示し、さらに別の表現で反復する。そして身近な例を挙げて印象を強め、さらに国際比較をして視野を膨らませ、やおら結論を導き出す。畳み掛けるように展開される文章は明快で、読む者を納得させる力がある。李漢俊が明晰な頭脳の持ち主であることが一読してわかるのである。

日本語のレベルはおそらく当時の日本の知識人と比較しても遜色ないものだろう。その知的日本語に少々中国語の「スパイス」を効かせた文体が独特のリズム感にあふれている。まるで彼自身の息遣いが伝わってくるようだ。

『改造』のこの論文は、現存する李漢俊の唯一の日本語論文であり、日本に残された貴重な歴史的史料だといえよう。

この時期、政局は目まぐるしく動いていた。

一九二四年、コミンテルンの支援を受け入れた孫文は国民党に共産党員を受け入れるという「国共合作」政策を実施し、共産党員は個人の資格で国民党に参加した。北京の共産党グループの長であった李大釗は、国民党の中央執行委員に就任し、広東の共産党グループの書記、譚平山は組織部長（大臣、二六年に農民部長）に就任した。また毛沢東は中央委員候補になり、広州の農民講習所で講話し、李漢俊は武漢の農民講習所で同じく講話した。

一九二五年三月、孫文が癌で死亡した。汪兆銘《おうちょうめい》が主席に就任して七月、広州国民政府が成立したが、国民党内で左派と右派の対立が露呈しはじめた。蔣介石は陰に陽に共産党に攻撃をしかけて国民党から追い出しにかかり、二六年七月、国民革命軍を組織して南北統一を目指す「北伐」を開始すると、瞬く間に長沙、武漢、上海、南京など各地の軍閥を撃破した。二七年二月、武漢へ遷都した国民政府は、軍事力を一手に掌握した蔣介石の独走を押さえ込むため革命軍総司令の権限を制限したが、蔣介石はかまわず進軍して南京の軍閥勢力を一掃し、三月、南京を占領した。このとき一部の軍隊が各国領事館を襲撃、揚子江上の軍艦が報復砲撃するという、「南京事件」が起きた。

武漢の国民政府中央は政府内を統一するため、フランスで病気療養中だった汪兆銘を急遽呼び戻して最高指導者とした。四月一日、ドイツ、ソビエト経由で上海へ戻った汪兆銘は蔣介石と会談して共産党との和解を説得したが叶わず、汪はさらに共産党書記の陳独秀と話し合い、「共産党は国民党内で破壊行為を行う意志はない」という言質をとって「汪陳連合宣言」を発して蔣介石を納得させようとしたが、蔣介石は聞き入れなかった。

四月十二日、蔣介石は中国共産党の徹底的な弾圧に着手した。上海から始まった弾圧の嵐は見る間に全国に広がり、各地の軍閥を巻き込んで激しい攻防戦をくりひろげた。四月十八日、蔣介石は南京に国民政府を設立すると、武漢・国民政府中央（改組派・左派）に対決姿勢を示した。

一方、北京では「南京事件」の経過を列強諸国が注視し、事件の余波が北京へ飛び火しないかと恐れていた。事件の背後に中国共産党を指導するソビエトがいると判断した列強諸国は、北京を支配する奉天軍閥の張作霖に治安の強化を要求した。

四月六日、張作霖は過激派の捜査を名目にソビエト大使館に軍隊を派遣すると、大量の武器や弾薬を押収し、大使館内にいた多数の共産党員を検挙した。その中に李大釗が含まれていた。李大釗は北京政府が共産党弾圧の命令を下した二五年以来、ずっとソビエト大使館に避難していたのである。

大阪朝日新聞（一九二七年四月八日付）は、「国交断絶は覚悟の上」という見出しで、北京政府の大検挙事件の経過を報じた。

「北京特電七日発」の記事には、逮捕劇の様子について、「六日朝、北京軍警、公使館区域で著名な共産党首領李大釗と党員三十五名を逮捕し、かつ若干の銃器弾薬と多数の宣伝品を得た、乱をなすこれらの徒、赤化を宣伝し国と民を害するもの等許し難し、不日審判に附すべく北京の治安憂いなかるべし」とある。

また、同日の別の記事では、李大釗の逮捕時の模様を次のように報じた。

「共産党の御大李大釗氏は捕手が入ったと聞くや、ロシヤ大使館本館に逃げようとしたが、蟻も漏らさぬ警戒で、逃れる途なく、難なく旧兵営の部屋で捕えられた、鬚をたくわえた色白で六尺ばかりの、精悍な目つきをした丈夫で、青地の支那服に西洋靴をはいていた、すでに死刑を覚悟している模様であるが、落ちついたもので、六日夜の警察庁における第一回の訊問ではロシヤ人の倶楽部に住んでいたのは友人の関係で閑静の場所だからだ、自分は南北妥協に努めていたと白ばくれていた」

李大釗を筆頭にした共産党員二十名は、即刻軍法会議にかけられ、短期間の形式的な裁判の結果、一名を除いた十九名が「ソビエトと和し、外国に通謀した罪」で有罪判決を受けた。

「連合北京六日発」の記事は、「安国軍総司令部が大検挙事件の後仕末につき緊急幹部会を開き、被挙者の処分問題にもわたったが……李大釗氏は共産党巨頭であるから、衛戍総司令那士廉氏の手に渡しほぼ銃殺に決定しているが、趙欣伯氏は李大釗が学者としての彼の生命を断つに忍びず極力助命に努めている」と報じた。

だが助命は奏効せず、判決間もない四月二十八日、李大釗は銃殺刑（絞首刑説も）に処せられた。享年三十八。

「南陳北李」――南の陳独秀、北の李大釗――と並び称された李大釗は、中国共産党を創設した中心的存在であり、マルクス主義研究の第一人者であった。上海の第一回全国代表大会に各地から集まった十三人の代表たちは、彼を「兄」と慕い、師と仰ぎ、頼りにしてきたのである。その李大釗を失ったことは、中国共産党が大きな支柱を失ったことを意味する。

彼は若き日に早稲田大学に学び、日本を「知」の源泉として思想を育み、醸成してきたのである。知日派の北京大学教授として日本に多くの友人や知人を持ち、知的交流の太いパイプ役を果たしてもきた。その太いパイプが途切れたことは、日本にとっても中国にとっても真に惜しむべきことであった。

一九二七年春、武漢では李漢俊が共産党へ「復党」するための手続きが進められていた。それが李漢俊の自発的な行為だったのか、共産党側からの勧めであったのかはわからない。だが双方の希望が一致した結果であることは間違いない。

たとえば二七年、共産党湖北省委員会委員だった袁溥之は、「武漢の共産党は直接李漢俊の意志を確認した後、省委員会の席上全会一致で復党を承認し、党籍を回復した後、共産党中央に報告した」と湖北省の党内記録に書き残した。

しかし「復党」は実現しなかった。その記録には、「ところが、共産党中央はそれを許可しなかった。反対したのは陳独秀の息子の陳延年と張国燾だった」とある。

袁溥之はおそらく湖北省の意向を否定する結果になった事実を明らかにすることが目的で、この記録に残したのではないか。

張国燾はその中央会議を開く直前に、なんと李漢俊を批難する小冊子『誰が李漢俊を我々の同志だと認めるのか』を作成し、共産党中央の面々に自ら配って歩いたとされる。そのため李漢俊は、ついに中国共産党に復帰することは叶わなかったのである（前出

『李漢俊』)。

中国共産党から身を引いた李漢俊が次に希望を託したのは、孫文の三民主義を受け継ぐ、武漢の国民政府中央(改組派・左派)であった。なんとか国民党と共産党との協力関係を修復し、民主的な勢力とも助け合って戦おうという「統一戦線工作」という道である。

李漢俊は湖北省教育委員会の仕事に就いて、初等教育の育成に尽力したことから、一九二七年九月十日、国民政府の湖北省改組委員会委員に就任した。孫文と昵懇だった『大江白話報』の主筆・詹大悲《せんたいひ》は共産党の力強い支援者だったが、彼とはよく気があった。

この時期の武漢は炎暑の中で、戦いの坩堝と化していた。

六月、全連邦共産党(一九二五年にロシア共産党から改称)の書記長・スターリンが発した強硬な指示(五月指示)に従って、中国共産党は武漢・国民政府を占拠するため、政府内部から破壊工作をはじめた。七月十五日、武漢国民政府はやむなく「分共」、つまり、共産党を分離する政策を決定し、共産党員を国民政府から退出させた。

八月一日、四面楚歌におちいった中国共産党は、最後の力を振り絞って南昌で武装蜂起した。さらに国民政府の左派勢力の一部有志とともに「中国国民党革命委員会」の旗印のもとに挙兵し、譚平山、宋慶齢ら十二人を指導者にして、広東奪回を目指して武装行動に出た。

大阪朝日新聞（一九二七年八月十二日付）は、「南昌方面の暴動はロシヤ共産党の指金」の大見出しをつけて、「武漢政府の態度について中心人物の汪兆銘氏語る」というインタビュー記事を掲載した。

「漢口特電九日発」の記事は、汪兆銘の言として、「共産党加入は孫（文）先生の遺志であるから、国民党はこれを容れたが、共産党は国民党の指導を受けず秘密に行動して、ロシヤに対しても共産党の勢力はすでに国民党の上に出たように報告したようである、各地が彼らの直接行動で擾乱されるので遂に共産党の行動はこれを制限することとなり、予定は本月十五日ごろ中央執行委員全体会議を開き共産党員を如何に保護し如何に処置するかについて協議するはずであったが、遂に共産党員は南昌で国民党の兵を解散し、その他非常に惨虐なことを働くに至ったので最早武力で撃滅するよりほかはない」。

その記事の最後に、李漢俊に触れた一文がある。

「共産党の問題については李人傑の共産運動停止条件づきで国民党に収容することになるように語っていたが、共産党があせり過ぎたため行き掛りで決裂した形である」

これを読むと、李漢俊は中国共産党に「共産運動停止」を説得するという条件を示して、武漢国民政府に中国共産党と合作し続けるよう働きかけていた。ところが共産党が性急に破壊工作を行ったために、彼の努力が水泡に帰した、というのである。

この報道がすべて正しいとは言い切れないが、少なくとも、この混沌とした政情のなかで、李漢俊が国民党と共産党の協力関係を回復させたいと願い、交渉に奔走した事実があったことは、確かだろう。

九月十五日、軍事総司令の職権を剝奪された蔣介石が下野すると、広西軍閥の胡宗鐸《こそうたく》が国民党各派を結集して南京に「特別委員会」を設置し、西征軍を組織して武漢進攻を準備した。

日増しに情勢が悪化するなか、李漢俊は詹大悲とふたりで暫く日本へ避難しようかと相談したが、董必武に説得されて武漢に踏みとどまった。李漢俊は李書城らと湖北省政府の名義を使い、拘束中の共産党員二、三百人が広西軍閥の餌食にならないよう即時釈放する命令書を出した。

十一月十四日。胡宗鐸を武漢衛戍司令とする西征軍が武漢に攻め入ると、共産党も国民党左派も革命支持者も見境なく虐殺しはじめた。李漢俊らは湖北省改組委員会の名義で民衆を動かして武漢三鎮に標語を張り、武昌中山大学（現武漢大学）の学生を指揮して労働者とともに抵抗運動を展開した。

市内各所で軍隊と市民、学生、労働者が衝突し、大量の犠牲者が出るなかで、李漢俊と詹大悲は湖北省改組委員会に辞職願を提出すると、日本租界に身を隠した。董必武も近所に潜伏していた。

十二月十六日午後五時、李漢俊の潜伏していた家を、武漢衛戍司令部から委託を受けた日本の租界警察が襲撃した。李漢俊はくつろいだパジャマ姿で詹大悲と寝室で碁を打っていた。李漢俊、詹大悲と彼の秘書ら数人は全員逮捕された。李漢俊は「せめて服に着替えさせてくれ」と要求したが拒否された。傍らで李漢俊の妻が心配顔で見つめていた。李漢俊は身重の妻を労わり、短い言葉で慰めた。

日本の租界警察は彼らを連行すると、武漢衛戍司令部に引き渡した。さらに武昌市の公安局に連行された。二人は武漢衛戍司令の胡宗鐸にあわせるよう主張したが、聞き入れられなかった。

翌、十二月十七日、夜八時。後ろ手に縛られた二人は公安局から連れ出され、済生三馬路大通りにある広場の真ん中に立たされた。正面には公安局員たちが銃を手にして横一列に整列していた。

詹大悲は怒りを帯びた大声で、「国民党右派は孫文の三民主義に背いている。労働者と農民を虐殺しているではないか。人間の皮をかぶった獣たちめ！」と罵った。

李漢俊は漆黒の夜空を仰ぎ見て、天に向かって叫んだ。「胡宗鐸のやり口はなんて悪辣なんだ！」

九時。「開槍《カイチャン》（撃て）」という号令とともに銃口が一斉に火を噴き、何発もの銃弾がふたりの体を貫いた。血潮が広場に飛び散り、崩れ落ちる二人の周りに大きな血だまりを作った。

翌日、武漢衛戍司令部は布告を発した。「湖北共産党の首領である詹大悲、李漢俊は罪悪著しく、手続きを経て銃殺刑に処したことを、特にここに布告する」

李漢俊は三十七歳。詹大悲は四十歳であった。

ふたりが犠牲になったことは、瞬く間に中国中に知れ渡った。

新聞各紙が訃報を書き立てる中で、『布爾塞維克』第一巻第十一期には、「無実の罪を着せられた李漢俊」と題する記事が掲載された。そのなかで、李漢俊が共産党員ではないことが指摘され、「詹大悲も共産党員だとされるなら、さらに非常なる誤解だ」と記されていた（前出『李漢俊』）。

李漢俊が処刑された日、兄の李書城も拘束され、一年近く軟禁された。その後、彼は上海へ行き、「湖北革命同志会」を組織した。李漢俊の遺体を引き取り、武漢市の伏虎山の北麓にある寺に埋葬できたのは、ようやく一九三三年になってからのことである。その日、葬儀の長い列が通過する沿道では、人々が静かに並んで冥福を祈ったという。

武漢から届いたメールが語る歴史

二〇〇八年、武漢から私の元へメールが届いた。

「私が小中学生だった頃、両親が話しているのを偶然耳にして、私の親族に特別な人がいることに気がつきました。でも、両親はあまりその人のことを話したがりませんでした。高校生の時、両親と訪ねてきた友人とのおしゃべりから、私の祖父が中国共産党の草創期のメンバーで、後に『右傾』の誤りを犯したことを理解したのです」

メールの主は武漢市在住の甘子久氏である。彼は李漢俊の外孫にあたる。

数人の紹介者を介してインタビューを申し出たとき、甘子久氏は見知らぬ私を疑うこともなく、即座に承諾してくれた。それ以後、私たちは一年近く頻繁にメールをやりとりした。甘子久氏は現在、武漢にある文華高等学校の国語の教師をしているが、この学校はかつて李漢俊が教鞭を執ったこともある名門校である。さすがに国語の教師だけあって、平易な言葉を使った文章は簡潔で要領がよく、描写も具体的かつ緻密だった。以下は、甘子久氏が亡き母の思い出も含めて、祖父・李漢俊にまつわる自分自身の体験を、率直に書き送ってくれた内容をまとめたものである。


甘氏の母は李漢俊が亡くなった時には、まだ九歳の少女だった。幼い少女が唯一記憶している父親との思い出は、さらに幼い時期に上海の邸宅で一緒に過ごした頃の楽しい昼食の風景だった。

食事時にはいつも大勢の父の友人たちがいて、にぎやかに話しながら食事をした。時にはテーブル一卓では足りずに、二卓囲むこともあった。まだ小さかった彼女は、ご飯のお代わりをしようと伸び上がったが届かず、椅子に乗ってテーブルの上に置いたおひつの蓋を開けた。友人の一人が手を貸そうとしたとき、父親である李漢俊が言った。

「いや、手伝わないでくれ。なんでも自分で出来るようにさせたいのだ」

その言葉を聞いて以後、彼女はできることはすべて自分でするようになった。そうして一生、他人を頼らず、自分でコツコツと努力して生きてきたのだ。

「文化大革命の時期、母と叔母は『革命犠牲工作人員家属光栄紀念証』というのを持っていました。それには毛沢東の署名があり、証明書の全国通し番号で『第〇〇一一号』とありました」と、甘子久氏は振り返る。その証明書があったお陰で文化大革命で直接的な危害を加えられることはなかったのが、せめてもの幸いだった。

「私は好奇心からあれこれ本を探して祖父の足跡を探そうとしましたが、祖父について書いた本は少なく、たとえ見つかっても、ただ『中国共産党の創始者の一人で、合法的なマルクス主義者だ』としか書いてなかったり、『中国共産党が成立した時、彼の〝右傾〟の観点と劉仁静の〝左傾〟の観点がどちらも毛沢東の批判を浴びた』と書いてあるだけでした。

八〇年代に私は北京にいた劉仁静に手紙で質問したことがあります。劉仁静の返信は数度の転居で紛失してしまいましたが、内容はよく記憶しています。そこには、『第一回全国代表大会の時、あなたの祖父はすでに国内で有名な学者でしたし、私は一介の学生でしたから、会議の席で彼と論争することなどありえません。当時はみな全国各地からやってきて和気藹々としていました。あなたの祖父はマルクス主義の教養にあふれた学者で、みなとても尊重していました。それと、毛沢東が会議で沢山発言をしたという記憶はありません……』と書いてありました。

私はこの劉仁静の手紙の内容を信じます。というのも、手紙のやり取りをした八〇年代は政治的に開放時期にあり、もう自由に物が言える時代でしたから。

その後、私は矢も盾もたまらず、武漢に健在だった祖父の元同僚や学生だった人たちを訪ね回りました。ある老人は会った途端に私の手を取り、感無量な様子で涙を浮かべました。当時私は三十代で、祖父の面影に瓜二つだと誰もが口にしました」

「母にとって李漢俊は永遠のテーマでした。母が亡くなる二ヶ月前、私に一度祖父の話をしたことがあり、目にいっぱい涙をためて、『父の死はほんとうに無残だった！』と興奮して繰り返すばかりでした。私は『革命に犠牲は付き物なんだよ』と慰めることしかできませんでした」

文面からは、激動の歴史をたどった革命家の遺族が、少しでも真相を知りたいと苦悩し続けた様子が伝わってくる。それでも甘子久氏は、今、密やかな自負心と誇りと悲しみを胸の奥に秘めて、穏やかな表現で過去を振り返った。

李漢俊の死を思うとき、まことに無念な思いがするのを禁じえない。暁星中学校から第八高等学校、東京帝国大学へと続く長い日本留学に始まった人生は、その後、どんな体験や思想的変遷を経たとしても、最終的に回帰するのは若き日に育まれた「知」の源泉としての日本であったのではないだろうか。たとえそれが当時の中国では受け入れられないものだったとしても、一人の人間の一生に与えた影響は計り知れないはずである。

李大釗に次いで、李漢俊までもが死亡したことは、まるで日本留学組が滅亡していく過程を辿るようでもあり、「知の宝庫」であった日本が、中国革命の中で地響きをたてて崩れ去る有りさまを、目撃させられているようで、茫然自失のおもいである。いかにも歯がゆく、悲壮に満ちて、大きな喪失感にさいなまれる出来事であった。

第九章　十三人の男たちのその後

勝ったのは誰か

ここからは時計の針を一気に進めていこう。

一九四九年十月一日、この日は、中国共産党が政権を握る中華人民共和国がめでたく誕生した日である。当日は快晴。北京の天安門の楼上に居並んだ歴戦の勇者たちが、満面に笑みを浮かべた映像が残っている。天安門広場には三十万人以上の群衆が集まり、天安門を見上げて目を輝かせ、これまた笑顔のオンパレードだ。古めかしい大きなマイクの前に立った毛沢東が、「ここに中華人民共和国の成立を宣言する！」と叫ぶと、群

（『中国共産党創建史辞典』上海人民出版社、2006年による）

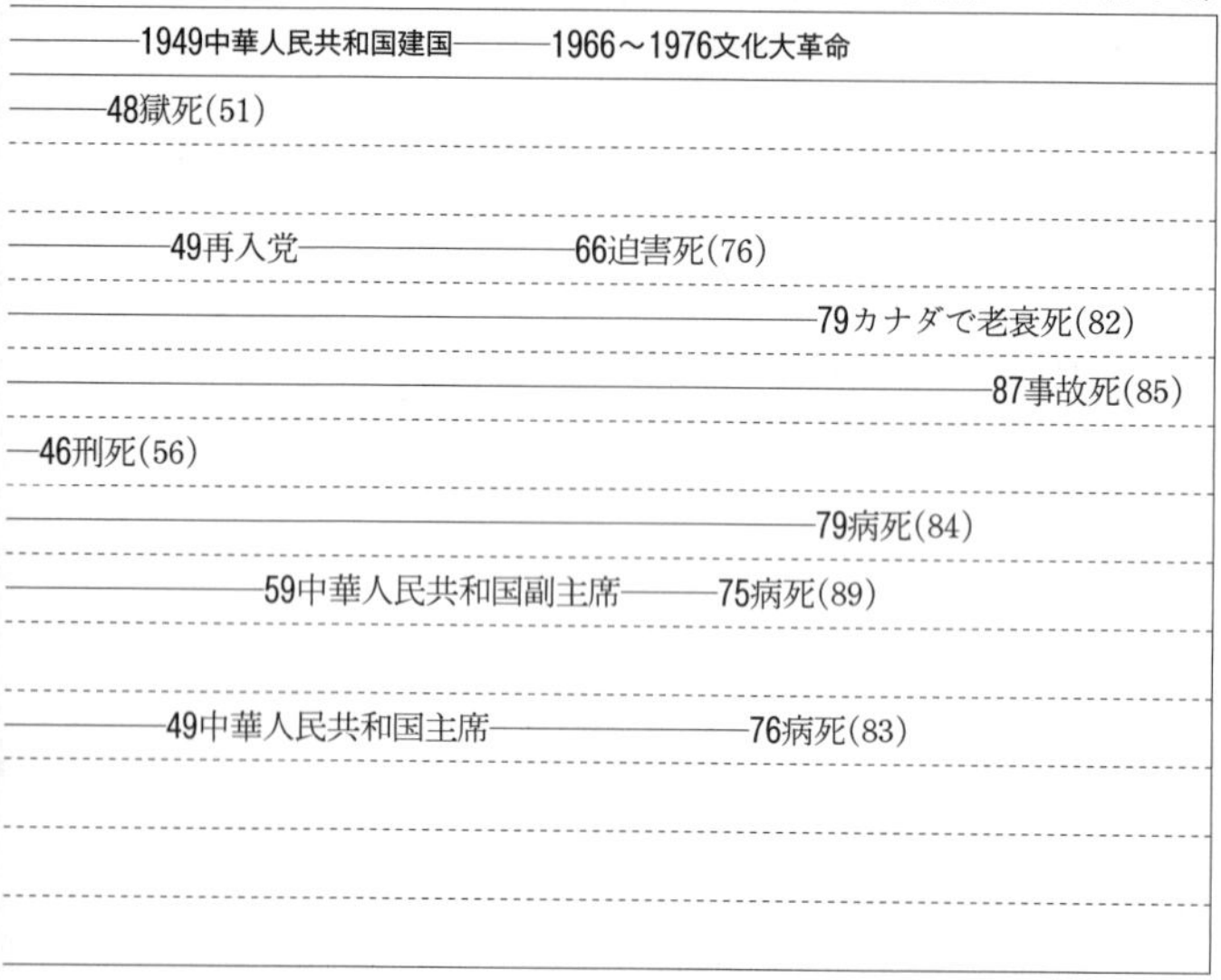

衆からは一斉に地鳴りのような歓呼の声が沸きあがった。

さて、この感激的な建国式典で晴れて天安門の楼上にのぼることができたのは、十三人の男たちのうち、いったい何人いただろうか。数えるのは簡単だ。毛沢東と董必武のふたりだけだったのである。

ほかの十一人はどうなってしまったのだろう。彼らが全員死んでしまったわけではない。この時点で生存していたのは、ほかにも李達、張国燾、劉仁静、包恵僧の四人がいたのだが、彼らは様々な事情から不遇を託《かこ》っていた。さらに残りの七人は、

13人の人生年表　ゴシック体の数字は西暦、（　）は年齢

	名前/生年	1921共産党創設――1945終戦――
日本	周佛海/1897	(24)――24離党――
上海	李漢俊/1890	(31)―23離党――27殺害(37)
	李達/1890	(31)―23離党――
北京	張国燾/1897	(24)――38離党――
	劉仁静/1902	(19)――29離党――
広東	陳公博/1890	(31)―23離党――
	包恵僧/1895	(26)――27離党――
武漢	董必武/1886	(35)――
	陳潭秋/1896	(25)――43獄中殺害(47)
長沙	毛沢東/1893	(28)――
	何叔衡/1876	(45)――35殺害(59)
済南	王尽美/1898	(23)――25病死(27)
	鄧恩明/1901	(20)――31殺害(30)

長く続いた過酷な中国革命の中で惜しくも犠牲になったのである。

十三人の男たちの身に降りかかった運命は千差万別である。ここでは、まず第一回全国代表大会以後の、十三人の「人生年表」を作成してみよう。

病死はともかく、刑死、獄死、殺害など、戦いの中で死んだ人が七人いるが、その「敵」は一様ではない。蔣介石国民政府や地方軍閥、日本軍ばかりか、「敵」は中国共産党の内部にもいて、あくなき権力闘争と戦後の文化大革命によって命を奪われ

た人もいるのである。

離党の時期も見てみよう。中国共産党を創設した一九二一年から十年以内に離党した人が六人いる。大量の離党者が出たということは、中国共産党が急速に変質していったことを意味する。この二点だけからしても、中国革命がどれほど熾烈で複雑なものであり、共産党員として生涯を全うすることがどれほど困難であったかが想像できよう。

さて、十三人の男たちがそれぞれ辿った人生を眺めつつ、彼らの心情を少しでも追想してみようと思うが、その前に、ざっと彼らが生きた時代を振り返っておこう。


中国共産党がなんとか革命組織らしい格好になったのは、一九二二年の第二回全国代表大会である。共産党規約をまとめ、綱領として「軍閥を打倒し、帝国主義の支配を廃し、民族の独立を目指し、民主共和国を打ち立てる。その上で労働者と農民の独裁政権を樹立し、私有制を廃して共産主義に到達する」という目標を掲げ、コミンテルン加盟も決定した。

翌年の二三年二月、武漢の共産党支部と李漢俊らが先導した「京漢鉄道大ストライキ」が直隷派の軍閥・呉佩孚に弾圧されると、労働者四十人と共産党員ふたりが殺された。「革命」とは、命がけの闘いだと教えてくれた最初の犠牲者であった。このときから中国共産党の真の革命が始まったのである。

一方、三民主義（「民族」「民生」「民権」の主張）を掲げた孫文の革命は、資金難からコミンテルンの援助を受けることと引き替えに、一九二四年、まだ誕生して三年目の中国共産党を国民党に抱え込んだ。第一次「国共合作」と呼ばれるものだが、この時点で中国共産党員はまだ千人にも満たなかった。それが国民党の傘下に入って身分を保証されたことで、安心して党員の勧誘活動に専念できるようになり、直後から爆発的に党員数を増やした。党員数の変化を挙げてみよう。

一九二一年七月、第一回全国代表大会　五十余人
一九二二年七月、第二回全国代表大会　一九五人
一九二三年六月、第三回全国代表大会　四三二人（四二〇人）
一九二五年一月、第四回全国代表大会　九九四人
　十月、中央拡大会議　三四七〇人
一九二六年四月、　一〇九九七人
　十一月、　一八五二六人

一九二七年四月、第五回全国代表大会　　　　　五七九六七人

（『中国革命への挽歌』福本勝清著、亜紀書房、一九九二年）

この表からも分かるように、「国共合作」した一年後の二五年一月には、千人にも満たなかった共産党員が、その二年後の二七年には、なんと約六万人にまで爆発的に膨れ上がっていたのである。

加えて、中国共産党の若年組織である社会主義青年団（二五年、共産主義青年団に改称）も、二一年の設立当初は五千人余りだったのが、二七年に三万五千人にまで増加した（同書）。この両者を合わせると、二七年の時点で、中国共産党関係者は約九万五千人へと急成長し一大勢力を築いたことになる。

これは国民党にとっては脅威である。そして一九二七年は、歴史の曲がり角になった。

孫文の死後、国民政府の左派の指導者を暗殺しつつ台頭してきた軍人・蔣介石は、二七年四月十二日、突如「反共軍事クーデター」を起こし、中国共産党の粛清運動を展開して「国共合作」を終焉させ、最終的に国民政府の全権を掌握して軍事独裁体制を敷いた。

「千人間違って殺しても、一人の共産党員も逃がすな」という蔣介石の指示のもと、全

国で虐殺に次ぐ虐殺が繰り広げられた結果、共産党員とその支持者は無慮六万人以上が殺害されたという。中国共産党はほとんど壊滅状態に陥った。李漢俊が死んだのもこの時のことだ。国民党と共産党の果てしなき戦いは、この時、火蓋が切って落とされたのである。

三〇年代の中国は受難の時代である。日本の侵略が激化し、三一年の満州事変、三二年の上海事変によって、東北地方は日本軍に占領されて「満州国」が成立した。三七年に盧溝橋事件が勃発すると、本格的に日中戦争へ発展して中国全土が火の海と化し、家や職を失った人々は餓えに苦しみ、流民となって全国をさ迷った。

戦況が泥沼化する中で、蔣介石はなおも「安内攘外」と称して、日本軍と戦うことより共産党の討伐に血道を上げた。三四年、五度にわたる「包囲作戦」を経て、共産党中央がある江西省瑞金の革命根拠地を陥落させると、これで国民党の全面的な勝利だと誰もが疑わなかった。

だが、青息吐息の状態で内陸深くに逃げ込んだ共産党は生き延びた。その実情を世界に知らしめたのは前出のエドガー・スノーが書いた『中国の赤い星』である。陝西省の延安のヤオトン（洞窟）に居を構えた共産党根拠地に入り、毛沢東以下、主だった共産党の指導者にインタビューしたこの作品は、清廉潔白で理想に溢れた「新生」中国人たちの生態を描き出し、世界中を魅惑した。いや、そう錯覚させてしまったというべきだろうか。

三六年十二月、戦争が長引く中で、「西安事件」を起こした軍閥・張学良らは、捕らえた蔣介石に共産党と協力して日本軍に対抗するよう迫り、三七年九月、第二次「国共合作」が実現した。しかし両者は互いに不信感を持ち続けたため真の提携はなく、「一致抗日」運動は体裁だけのものになった。一方、国民政府の行政院長兼外交部長の汪兆銘は、「民族存亡の危機」だと考え「一面抵抗、一面交渉」の奇策を説き、蔣介石・重慶国民政府の「抵抗」と平行して日本と和平交渉を行うと主張して「南京国民政府」を打ち立て、さらに複雑な事態を招いた。

そして、終戦の一九四五年——。

連合国に名を連ねていた蔣介石・国民政府は戦勝国となったが、国内では再び共産党征伐に乗り出した。内戦は三年続いた。国共両軍の熾烈な戦いが展開された末に、一九四九年、蔣介石・国民政府は惨敗し、財宝を積み込んだ軍艦とともに台湾へ落ち延びていった……。

とまあ、駆け足で二十世紀前半を振り返ってみたが、さて、半世紀にわたって惨憺たる歴史をたどった中国大陸で、本書の主役である十三人の男たちはどんな人生を過ごし、最後はどうなったのだろうか。特に元日本留学生のその後が気になるのである。

半分以上は、建国前に犠牲

まず、最も早く犠牲になったのは、済南代表の王尽美と鄧恩明のふたりだった。

王尽美は一九二五年、山東省青島市の労働運動を先導して炭鉱や工場を駆け巡る中で、持病の結核が悪化して亡くなった。鄧恩明は山東省委員会の書記になったが、密告に遭って国民政府に逮捕され、一九三一年に殺害された。

武漢代表だった陳潭秋は、新疆軍閥の盛世才に逮捕され、一九四三年に極秘裏に殺害された。殺害された消息はその後二年間も外部に漏れず、一九四五年、中国共産党第七回全国代表大会では消息不明のまま中央委員に選任されている。

長沙代表の何叔衡も、江西省でゲリラ戦を展開した後、三五年に福建省で国民政府軍に殺害された。四人はいずれも革命運動の中で犠牲になったことから、今日でも国民的英雄である「革命烈士」として奉られている。

その他の九人は、次のいくつかのパターンに分かれている。

ひとつは、周佛海、陳公博のふたりで、日中戦争中に汪兆銘・国民政府に加担し、終戦後に、漢奸として蔣介石・国民政府によって断罪されたパターンだ。

周佛海――日本代表として第一回全国代表大会に参加した彼は、大会終了後、再び鹿児島に戻って第七高等学校で半年過ごし、翌年、彼の希望通りに京都帝国大学経済学部に合格した。京都大学には今も周佛海の成績表が残されている。

一九二二(大正十一)年三月十五日に入学し、四年後の一九二六年に学士号を授与されている。成績表を見ると、第一回試験の平均点が六九・八点(一九二三年合格)、第二回試験は七〇・一点(一九二四年合格)、第三回試験は七二・三点(一九二六年合格)である。科目別にみると、社会学八〇点、行政法八〇点、財政学九二点、金融論八二点、外国経済書(第一外国語)八一点など、金融や財政、経済政策的な面に強かったようだ。当時の帝国大学の厳しい評価基準を考えれば、留学生としてはかなり優秀な成績である。

ひとつ気になるのは、一九二五年には試験を受けておらず、卒業した一九二六年三月までに一年間の空白があることだ。

これはどういうことなのか。符合するのは、一九二四年五月に周佛海が中国共産党を離党したことである。それと同時に国民党に入党し、広東大学の教授に就任している。従って一九二四年から一年間は広東大学で教鞭を執っていたことになる。これは二四年一月に「国共合作」が実現したことと関係があるのではないだろうか。

例えば、周佛海が大学卒業後の自分の進路を昔ながらの評価で考えたとすれば、京都帝国大学卒という「洋科挙」（「科挙」試験が廃止された後、海外留学のことをこう呼んだ）の輝かしい学歴は、まさしく高級官僚への道を約束されたものだったし、政府に任官するのが出世の早道だと思ったはずである。まして中国共産党は国民党に〝吸収合併〟されたのである。だから中国共産党を離党して国民党に加入することにも、あまり抵抗はなかったのではないだろうか。

一九二六年三月、京都帝国大学を卒業した周佛海は、帰国して国民政府の武漢中央軍事政治学校の秘書長兼政治部主任の職を得て、二九年に訓練総監部訓練処処長になった。そして三二年、国民党の特務機関「藍衣社」の設立に参画して働きを認められ、その後はとんとん拍子に出世の階段をのぼった。江蘇省政府委員兼教育庁長に就任した後、三五年にはついに国民党中央宣伝部副部長の役職に就いた。だが日本での輝かしい学歴をさらに発揮するために、彼はもっと上を目指したのかもしれない。周佛海は三八年十二月、蔣介石と袂を分かった汪兆銘に従って重慶を脱出し、南京・国民政府の樹立に参画して、同政府の行政院副院長、財政部部長、上海市長などの要職を歴任しつつ、日本で培った語学と知識で積極的に対日外交交渉の第一線に立った。

その一方、彼は自分自身の身の振り方についての〝保険〟も掛けていた。汪兆銘と対立する蔣介石の重慶・国民政府とも、最高情報機関「軍統局」の責任者の戴笠《たいりゅう》を通じて連絡を保ち、最終的にどちらに転んでも構わないよう二股をかけたのである。

終戦直後、周佛海は蔣介石・国民政府から国民党軍事委員会の上海行動総指揮部総指揮に任命されて治安維持を行ったが、〝保険〟が役立ったのはそこまでだった。戴笠が飛行機事故で死亡してしまうと内通ルートを失い、逆に南京・国民政府の要職を務めた「漢奸」として逮捕され、死刑判決を下されたのである。後に刑一等を減じられて無期懲役に処せられたが、四八年二月、南京の老虎橋監獄で心臓病のために死亡した。享年五十一。

周佛海の遺児・周幼海氏が後に語ったところによると、周佛海が病死した翌日、「母が昔から大事に保存していた棺桶を南京に発送し、翌日早朝南京新街口にある万国葬儀館に到着した。周佛海の葬儀は一九四八年四月五日に行われた」。だが、中華人民共和国が成立した後、「十年にわたる文化大革命を経て父が眠っていた永安公共墓地は見る影もなく破壊された」（「わが父周佛海」『中央公論』一九九〇年七月号、周幼海述、蔡徳金編、劉傑訳）。紅衛兵は周佛海の墓石を壊し、墓碑銘を削り取り、遺骨を引きずり出して暴いたのである。

周佛海は生前、膨大な量の日記『周佛海日記』（蔡徳金編、村田忠禧ら訳、みすず書房）を残している。これは現代中国の政治史に関する第一級史料となっている。

日本の地で社会主義思想を存分に吸収した周佛海は、後に中国共産党の創設時の趣旨とは大きく異なり、国家への〃裏切り者〃として断罪されたが、日本と深く係わった人生行路を歩んだことは確かである。

同じく「漢奸」とされた広東代表の陳公博の場合は、日本との縁によるものではなく、むしろ伝統的に革命戦士を輩出した「広東閥」の色彩が濃いようだ。彼は一九二三年に中国共産党を離党したが、その理由を「共産党からソ連へ留学せよと命令されて気が進まなかったため」だと言っている。そして孫文・広東政府の教育省から留学資金をもらい、アメリカのコロンビア大学大学院へ留学して、経済学修士号を取得した。帰国後は広東大学の教授に就任する一方、国民党中央執行委員、北伐軍総司令部政務局局長に就任した。孫文の死後、二七年に蔣介石ら国民政府（右派）が起こした軍事クーデターに反発し、もう一方の雄である汪兆銘の国民政府（左派）を支持。日中戦争で中国の劣勢が続く中で、四〇年、汪兆銘が樹立した南京・国民政府に乞われて参画し、汪兆銘の死後は南京・国民政府代理主席に就任した。終戦直後に日本へ亡命（本人は置き手紙を残して一時避難しただけと主張）し、GHQ（連合国軍最高司令官総司令部）の命令で蔣介石の重慶・国民政府に引き渡され、四六年、蘇州で処刑された。

特筆すべきは、彼がコロンビア大学に提出した英文の修士論文の中に、第一回代表大会における「中国共産党綱領」が含まれていたことである。中国では戦乱の中で中国語版の「綱領」が失われており、中華人民共和国成立後に返還されたソビエト・アルヒーフ資料（公文書）の中に、第一回代表大会に出席したコミンテルン代表のマーリンが上海からコミンテルンに書き送った報告書があり、その中にロシア語版の「綱領」が含まれていたのが八〇年代になって公開された。そのロシア語版と陳公博が書いた英語版の論文が酷似していたことから、「中国共産党綱領」として確定され、現在では貴重な歴史的資料となっている。

二つ目のパターンは、戦前、戦後を生き抜き、数々の業績を残したにも拘らず、一九六〇年代の文化大革命で弾圧された人たちである。李達、包恵僧、劉仁静の三人がいるが、十年に及んだ文化大革命は、歴戦の勇者や知識人たちにとって、肉体的な暴力以上に、過去を否定された精神的な破壊がより大きな衝撃となった。中でも、上海代表だった李達は文字通り文化大革命の犠牲者だった。

李達――日本の第一高等学校で学び、帰国後は上海で社会主義関係の書籍の翻訳や執筆に明け暮れた彼は、第一回全国代表大会の直前から共産党の党内誌『共産党』の編集発行責任者になり、ひたすら忍耐強く実務に徹して活動した。彼は一九二三年の早い段階で離党したが、一九二七年の蔣介石の軍事クーデターによる国共分裂後は、武昌中山大学（現武漢大学）の教授に就任し、以後一貫して教育畑で生きることになった。

一九四九年に中華人民共和国が成立した後、中国共産党に復党を果たして、北京法政大学副校長、湖南大学校長、武漢大学校長などを歴任。社会主義研究に情熱を傾け、

『現代社会学』『社会学大綱』など、多くの名著を記し、マルクス主義研究者、哲学者、教育者としてその名を全国に知られた。

だが、李達は急進的な左派でもあったようだ。一九五七年、彼は全国人民代表大会第一期第四回会議で、「右派分子の攻撃に対抗するため知識分子を強化改造する」とアジ演説して激しく右派を糾弾し、それがきっかけとなって「反右派闘争」が開始されたのである。いわば李達は「反右派闘争」の火付け役だったのである。この時期、知識人の中には彼に恨みをもった者も少なくなかったにちがいない。李達が校長を勤めていた武漢大学は「反右派闘争」のメッカとなり、湖北省も全国的に最も数多くの「右派容疑者」を出した地方のひとつに数えられた。

だが一九六六年、文化大革命の火の手は李達の身にも及んだ。文芸批判に始まる文化大革命の攻撃目標が教育界に広がると、北京の鄧拓《とうたく》らが修正主義の「三家村」として槍玉に挙げられたのに倣って、武漢では李達が真っ先に槍玉に上げられて、「武漢大学の三家村」だと攻撃された。彼は大学の大批判大会に引きずり出されて暴行を受け、執筆活動を停止させられた。持病の糖尿病が急激に悪化して、大量吐血して死亡したのは六六年八月だった。享年七十六。

文化大革命の犠牲者についていえば、武漢の党員で自称、広東代表の包恵僧もそのひとりだった。幸いにも彼は周恩来の計らいで無難にやり過ごしたが、その時期の最大の痛手というべきものは、彼の愛娘が〝造反〟し、秘蔵していた陳独秀の直筆の手紙百通あまりを焼き捨てたことである。

包恵僧は陳独秀の最大の理解者だったと言ってもよいだろう。陳独秀については最終章で紹介するが、不遇のうちに死去した陳独秀を、生前幾度も病床に見舞い、最後には「死に水」を取った数少ない友人でもあった。

「この百通あまりの手紙の政治的価値、史料的価値は言うに及ばず、経済的価値だけから言っても、百万ドルの紙幣よりも高い値打ちがある。陳独秀の墨書は後世に僅かしか残っておらず、もし国際マーケットに出したら史上空前の高値がついただろう」（『包恵僧』『中共一大代表叢書』、鄭恵ら主編、方城著、河北人民出版社、一九九七年）。

幸いにも、彼は五〇年代から多くの証言記録を書き続けてきたため、国家的に貴重な史料を残したと評価されて、七九年に持病の心臓病がもとで死亡した後も、功績を立てた人に捧げる「革命烈士」の称号を得た。温厚な人柄が招き寄せた幸運だったのかも知れない。

北京代表だった劉仁静も、陳独秀に味方したひとりにはちがいないが、彼は他人とは異なる茨の道を選んだ。二七年、蔣介石の軍事クーデターで中国共産党が壊滅状態になると、スターリンは「戦略の失敗」の責任を中国共産党の書記・陳独秀ひとりに押し付けた。それに反発した劉仁静は、スターリンの「一国社会主義」に対立するトロツキーの「世界革命」思想に傾倒し、トロツキストに転向した。それがもとで二九年、中国共産党を除名された。三五年に国民政府に逮捕され、獄中で『節制資本芻議』を記したことから、今度はトロツキスト派からも非難されて除名された。その後は目だたぬよう暮らしたらしく、中華人民共和国の建国後は、北京師範大学の教員や人民出版社の翻訳員になった。ところが、文化大革命が始まると、突如昔のことを蒸し返され、転向に次ぐ転向を激しく糾弾されて、「トロツキスト」「反党分子」という罪状を着せられ、十一年間投獄されて屈辱を味わった。

一九八〇年代になって歴史的証言を収集・記録するため面会した元中国社会科学院の研究者の唐宝林氏は、その印象を、「劉仁静は終始臆病そうな態度で、口が重く、なかなか話をしたがらなかった」と語っている。

三つ目のパターンは歴史の「勝ち組」になった人である。

第一回代表大会に長沙代表として参加した毛沢東は当時、「独り言ばかり言う寡黙な書生気質の人物」としか見られず、参加者たちに強い印象を残すことはなかった。しかしその後の長い闘争の時代を生き抜いたばかりか、四九年に中華人民共和国が誕生すると最高地位の国家主席に就任して「勝ち組」の最高峰になった。人生最後の権力闘争となった文化大革命では、政敵・劉少奇の追い落しに成功して、七六年に死亡。享年八十三。

董必武——もうひとりの「勝ち組」であった彼は日本の法政大学へ留学し、帰国後、李漢俊に感化されて社会主義思想に目覚め、第一回全国代表大会に参加した。

一九二七年、武漢で李漢俊、詹大悲が軍閥に殺害された直後、彼は「形容しがたい苦痛」を受け、詹大悲の遺体の写真と生前の各種資料をかき集めると、変装して日本へ行った。そして京都で丸々一ヶ月を費やして亡き友人・詹大悲の生涯を夢中で文章に綴った。書き上げた原稿は、日本に留学中だった詹大悲の末弟に頼んで上海へ運び、『詹大悲先生事略』と題して五百冊ほど自費出版し、各地の大学へ配った（前出『李漢俊』）。

董必武は温厚な人柄で知られ、とても他人思いであったようだ。二一年の第一回全国代表大会に参加した同志たちのその後の境遇に関心を持ちつづけ、犠牲になった人の遺族には必ずお見舞いの手紙や詩を送って故人を偲び、援助の手を差し伸べた。

とりわけ李漢俊については、忘れがたかったらしい。犠牲になった直後に李漢俊の遺族を見舞い、生活の援助を続け、生涯にわたって気配りを忘れなかった。中華人民共和国ができた後も機会がある度に、人々に李漢俊のことを語り褒め称えた。

彼は権力闘争とはほとんど無縁で敵対する相手もいなかったようだ。中国共産党の命令でモスクワの中山大学へ留学した後は教育畑を歩きつづけ、三五年、中央党学校の校長になった。抗日戦争中は中央長江局委員、陝甘寧辺区政府高等法院院長、南方局常務委員などを経て、四九年、中華人民共和国が成立すると政務院副総理。五九年に副主席に就任する。在任中に文化大革命で劉少奇国家主席が失脚した後、一九七五年に国家主席制が廃止されるまで、副主席、代理主席として国家主席の職務を代行した。

一九七一年八月。八十五歳の高齢に達した董必武は、党史研究家のインタビューを受けた際、再度李漢俊についてこう述べた。

「五四運動の頃、世間には色々な思想が流行っていた。……アナーキズム、社会主義、日本の合作社運動など、どれもが頭の中でゴチャゴチャになり、わけが分からなかった。李漢俊に出会い、彼は私の頭の中を整理してくれて、我々はロシアのマルクス主義をやらなければならないと言って、『馬格斯資本論入門』を貸してくれました。……李漢俊こそ我々の恩師であり、我々の〝元手（財産）〟になったのです」（前出『〝一大〟前後』）

董必武は生涯ずっと李漢俊に心酔していたのである。一九七五年、文化大革命の混乱に満ちた時代に、八十九歳で天寿を全うした。

張国燾対毛沢東、勝ち残りトーナメント決勝戦

同じ「勝ち組」でも、董必武の穏やかな晩年とは対照的に、毛沢東の人生は、まさに壮絶な闘争の連続であり、トーナメントの「勝ち残りゲーム」で勝利した者のようだ。ゲームの参加者は、目の前に現れた「敵」を次々に倒して勝ち上り、最後に残った勝利者だけが、「栄光」と「正義」という褒美を与えられ、歴史を自ら創作する「権限」を与えられる。

毛沢東が最初に注目されるのは、一九三五年である。蔣介石の猛攻撃で江西省瑞金の

中央革命根拠地を失い、井崗山を脱出して逃避行を続ける途中、貴州省遵義で開いた会議でソ連派の指導部を追い落として軍事指導権を掌握した。一万二千キロに及ぶ苦難の逃避行――「長征」は、今日では中国共産党の「輝ける歴史」として語り継がれている。

だがその栄光の裏で、三〇年代の中国共産党内部では「粛清の嵐」が吹き荒れていた。その「粛清の嵐」の渦中で、最も活発に活動したのが毛沢東であったことは、あまり広く知られていない。この時期、毛沢東の「最大のライバル」として存在したのが、北京代表だった張国燾である。ふたりが関わったいくつかの政治的事件をここでざっと眺めてみよう。

「粛清の嵐」が最初に吹いたのは一九三〇年。場所は、毛沢東が紅軍指導部（紅軍第一方面軍）の書記を務める瑞金・中央革命根拠地である。「粛清の嵐」はまず「AB団」容疑者の摘発から始まった。

AB団とは、「アンチ・ボルシェビキ」の略語だとされるが、その由来については諸説ある。粛清が始まったきっかけは、国民党地方支部を襲って押収した資料の中に「AB団」の共産党における潜伏者リストがあったことだった。その潜伏者探しが始まったのである。だが、実のところ、「AB団」はすでに消滅した国民党系の小規模な組織であり、それをまだ存在しているものと錯覚した共産党が、摘発に乗り出したのである。いわば「幻」の敵におびえた共産党が、生身の党員を殺すという悲劇が起こったのである。

「ＡＢ団の摘発は……疑わしい同志を拷問にかけること、ただそれだけであった。疑いをかけられた党員や紅軍兵士がどんなに自分が無実であり、『ＡＢ団』でもなければ、反革命分子でもないことを訴えても無駄であった。否認すれば否認するほど……より過酷な拷問が待っているだけであった。結局は『ＡＢ団』だと認める以外に拷問を逃れるすべはなかったのである。……『ＡＢ団』だと自白すれば、仲間の名を挙げなければならなくなった。これも逃れるすべはなかった。自分の友人の名を挙げるのを避けるために、多くの容疑者はただ知っているだけの者の名を挙げたり、取調側が示した人名リストの名をでたらめに○《まる》で囲うのだった。そこで名を挙げられた者たちも、また同じように『ＡＢ団』容疑者を増やす以外に、他の役回りは与えられなかった。『ＡＢ団』を捕獲すれば捕獲するほど急速に『ＡＢ団』が増えていくばかりであった」（前出『中国革命への挽歌』）。

常軌を逸した行動の背景には、党中央と毛沢東の対立に加えて、瑞金・中央革命根拠地の主導権をめぐって、毛沢東の紅軍指導部と江西省の地方党指導部との対立が絡み合っていた。

三〇年の秋から冬にかけて「ＡＢ団狩り」は過熱し、紅軍内部で大規模な粛清が始まった。毛沢東の紅軍第一方面軍四万余名のうち、十分の一がＡＢ団として打倒され、最精鋭部隊の紅軍第四軍約七千名のうち一千四百人が摘発され、その半数が処刑された。

粛清の矛先は江西省の地方党指導部にも向けられた。毛沢東は腹心の部下の李韶九を地方党部の所在地・富田に派遣して攻撃をしかけ、反撃した第二十軍を毛沢東がさらに武力鎮圧した。これによって地方党部の幹部の九十パーセント以上を反革命分子として降格、除名、処刑した。

この事件は「富田事変」と呼ばれるが、粛清はさらに全国の革命根拠地に波及し、最終的に粛清された総数は、「ＡＢ団」七万人、「社会民主党」六千二百人、「国民党改組派」二万人余りにのぼったという。

この三〇年代に、毛沢東の瑞金・中央革命根拠地と並んで、最も激しい粛清を行ったのが、張国燾の指導した鄂予《がくよ》皖《かん》および川陝根拠地と、夏《か》曦《ぎ》の指導した湘鄂西根拠地である。

中国共産党第一回代表大会の北京代表だった張国燾は、第一回大会直後から中国共産党のリーダーとして積極的に活動し、ソビエト留学によって筋金入りのコミンテルン崇拝者になって戻ってきた。そして中国共産党の最高幹部のひとりとして革命根拠地のひとつを任された。夏曦もソビエトに留学した極左インテリであった。

張国燾と夏曦は、コミンテルンの威光を持つ党中央の最高幹部として、地方の革命根拠地に赴任したが、地元出身の指導者たちに対して過剰に猜疑心を抱いたらしい。その結果、「鄂予皖根拠地では徹底的にインテリ出身者を粛清したため、文書を書ける者がいなくなり、大会を開けなかったり、ちょっとした小部隊の帳簿つけさえままならないなどといったことも起きている。時には眼鏡をかけていただけでインテリとみなされ粛清されかかったケースや、インテリと疑われないために文盲の振りをして難を免れたというケースも起こっている」(同書)というほど、粛清は徹底したものだった。

張国燾と毛沢東が確執を生じたのは、「長征」ルートを巡って激しく対立し、紅軍を「大分裂」させた時である。ここではざっと説明するに留めるが、「長征」の途中、毛沢東の率いる中央紅軍と張国燾の率いる第四方面軍は、四川省西部で再会したが、その後の逃避行の目的地をめぐって激しく対立した。中国西北部へ向かい、陝西省に根拠地を築こうとする毛沢東に対して、張国燾はソビエト・コミンテルンの意向に随って新疆、ソビエトへつづく「国際路線」を開拓し、食糧・武器の輸送ルートを確保すべきだと主張した。

激論は平行線をたどり、決裂した。毛沢東は第一方面軍の一部を率いて北上し、陝西省北部の延安に根拠地を構えて中共中央局を設置した。張国燾は「西路軍」を編成して南西方面へ向かい、四川省西部とチベット東部の境の地域に根拠地を築いて「第二中央」とした。だが「第二中央」は孤立し、国民党中央軍と四川軍の猛攻撃を受けて河西回廊で二万の軍が壊滅。張国燾は三六年六月、自ら「第二中央」を取り消して陝西省へ向かった。

陝西省の延安根拠地にたどり着いた張国燾は周囲から冷たい視線を浴びた。とりわけ毛沢東から陰湿で執拗な攻撃を受け、身の危険を感じるほどになった。そのため三八年四月、彼は延安を脱出して国民党統治地区へ行き、そこで独自の革命を継続するという宣言文を発した。四八年に国民党が共産党に大敗すると、彼は国民党とともに台湾へ逃げたが、翌年にはイギリス領香港へ行った。その後、文化大革命が激しさを増した六八年、香港にも共産党が進攻するという噂が出て、カナダへ亡命した。彼はトロントの地で夫婦水入らずの悠々自適の後半生を送ったようだが、七九年に老人ホームで死亡した。享年八十二。孤独な最後であったという。

晩年の張国燾を悩ませたのは、おそらく「大分裂」の是非についての問題であったろう。彼は『我的回憶』全三巻の執筆に全精力を注ぎ込み、自分の声を残したのである。

張国燾は主張する。

「毛沢東らが中共と紅軍の一致行動という最高原則を破壊し、勝手に第一、第三《ママ》軍を率いて単独行動し、その結果中共と紅軍の分裂を招いたのである。歴史はありのままの事実に従い、〝毛沢東が中共と紅軍の分裂を招いた〟と大書すべきだ。だが中共の記載はその逆に、あのときの分裂をすべて私の責任に負わせている。これは是非を転倒した言い分である」

無論、中国は彼の言い分を認めていない。

それは当時だけでなく、今日の歴史評価にもそのまま引き継がれ、持ち越されてきた。現在、中国のほとんどの歴史書は、こう記している。

張国燾は「長征期間、中央の北上抗日方針に反対し、紅軍を分裂させ、勝手に〝中央〟を打ち立てて、革命に重大な損失をもたらした」「『西路軍』の失敗と河西の敗北は、

張国燾の『逃亡主義路線』の破産を示すものである」(『中国共産党創建史辞典』、上海人民出版社、二〇〇六年)

毛沢東が国家主席として君臨し、「神」とまで崇められた中国では、むしろ当然の歴史的評価であっただろう。だが、その歴史の暗部にも、近年ようやく僅かずつ光が差し始めた。

一九八〇年代以後、中国では歴史研究者の間から従来の歴史的結論について、疑問がわきあがった。『中国共産党史の論争点』(韓鋼著、辻康吾編訳、岩波書店、二〇〇八年)によれば、「西路軍」に関して最初に論文を発表した国防大学の朱玉、叢進教授は、「『国際路線』を開くことは中共中央の全体戦略の重要な一環であり、張国燾の『逃亡主義』路線と同じものだということはできない」という研究結果を提示して、疑問を呈した。また『毛沢東選集』に収録されている論文も、編纂する際に改竄された疑いがあると指摘した。

研究結果にしては歯切れが悪く、慎重すぎる表現である。だが長征後の「西路軍」を巡る議論はまだ始まったばかりだ。いずれ歴史の真実が明らかにされる日も来るだろう。

最終章　取り違えられた写真——陳独秀

一九九五年、東京新聞（三月二十六日付）に「陳独秀の墓　革命烈士並みに拡充」という記事が掲載された。「中国共産党初代委員長、その後失脚」「『ポスト鄧』に向けて脱イデオロギーの象徴」「地元は観光の目玉……〝村おこし〟に」等、いくつも小見出しをつけた記事は、安徽省地方政府が陳独秀の郷里である安慶市に大規模な墓苑を建設する計画を決定したと報じた。

安慶市政府ネットによれば、現在すでに完成した『独秀園』の敷地面積は一・三七平方キロメートル、中心部は〇・三九平方キロメートル。総工費八千万元をかけて建設し、陳独秀の墓のほか、入り口の牌楼、参道、記念広場、陳独秀彫像などを擁している。まさに荘厳な陵墓である。

実際に第一期工事が始まったのは九七年。最初に作った陳独秀の墓は直径七メートル、高さ二・四メートル。花崗岩と白玉を贅沢に使った巨大なもので、墓石正面には唐代の書家の欧陽詢の筆跡をコンピューターで写し取って彫られた「陳独秀先生之墓」という文字がある。


なるほど中国近代史に名を馳せた陳独秀の墓なのだから、どれだけ立派な陵墓を作ったとしても、驚くには当たらないだろうと思うが、実は、話はそれほど単純ではない。事ここに至るまでには、半世紀以上もの紆余曲折をたどってきたのである。


振り返れば、陳独秀の末路はあまりに悲劇的だった。

一九一五年に雑誌『新青年』を創刊して新文化運動の旗手として登場し、「五四運動」の火付け役になり、一九二一年には中国共産党を創設した中心人物であった。三〇年代には中国のトロツキー派の指導者として新機軸を打ち出して、彼は常に中国革命の中枢にありつづけた。だが、彼が政治舞台で脚光を浴びた時代はそこまでだった。

大きな躓きは一九二七年だった。もともと陳独秀が反対していた「国共合作」の戦略をスターリンとコミンテルンの強い意向で受け入れたものの、いざ、蔣介石が起こした軍事クーデター「四・一二事件」で中国共産党が大打撃を受けると、ソビエトは手のひらを返したように戦略の失敗を陳独秀一人の責任に押し付けて、最高地位の書記から放逐した。その後トロツキストに転向したことで、二九年、さらに中国共産党から除名された。

三二年に国民党に逮捕されて五年間服役するが、釈放されて後は、分裂したトロツキストの論争に加わらず、四川省重慶市郊外の江津県に引きこもった。そこで孤独な貧困生活を送った末、一九四二年五月、失意のうちに病死した。享年六十三。

陳独秀の頑固一徹ぶり、偏屈ぶりは折り紙つきのものだったらしい。「終生の反対派」だと言ったのは、五四運動当時からの盟友、胡適である。

文学者の魯迅は陳独秀の豪放磊落ぶりを、こう例える。

「かりに戦略を一棟の倉庫に見立ててみよう。独秀先生の場合は、表に大きな旗が一本立ててあり、『内に武器あり、注意せよ』と大書きしてある。ところが、扉は開きっぱなしで、内部に銃が何丁、刀が幾ふりあるか、一目瞭然、警戒は不必要である」（「劉半農君の思い出」『且介亭雑文』所収、『魯迅全集』第八巻、「魯迅と陳独秀——魯迅の陳独秀観と陳独秀の魯迅観——」、長堀祐造著、「慶應義塾大学日吉紀要　言語・文化・コミュニケーション」34所収、二〇〇五年）

陳独秀は、頑として自説を曲げずに信じた道をまっしぐらに突き進み、孤独な生涯を閉じた人である。だが、彼の悲運は、生前の孤独な生き方よりも、その身に背負わされたいくつもの重いレッテルを、死ぬまで拭い去ることができなかったことだろう。「右翼日和見主義者」「右翼投降主義者」「右傾機会主義者」「二回革命論者」「日本のスパイ」「反革命、叛徒」「民族の裏切り者」「トロツキスト」など、いくつものレッテルが貼られ、苦痛と焦燥が重くのしかかったはずである。

悲運は死んだ後にも続いた。世界的な「写真の取り違え事件」である。それは最初、些細な誤解から生じたが、やがて一人歩きを始めて世界中に拡散し、さらに不幸の連鎖を引き起こして、陳独秀はついに〝他人の顔〟でその肖像が定着してしまったのである。

陳独秀の写真が別人のものと取り違えられている——

そう最初に指摘したのは、トロツキストの鄭超麟だった。

彼の著書『懐旧集』（東方出版社、一九九五年）には、「顚倒的照片必須顚倒過来（取り違えた写真を取り替えよ）」（一九九一年三月）と題する一文がある。そこには二人の男性が写っている。

「この写真は一九三三年に撮影されたもので、歴史的な価値が高い。国民党統治下の蘇州高等法院は江寧地方法院の法廷において陳独秀の裁判を行ったが、その第一回審理が実施されたときに、上海の『社会新聞』（国民党の特務が発行する新聞）の記者が待合室で被告人の陳独秀と彭述之のふたりを撮影したものである」と文頭にある。

「写真の左側の背の高い人物が陳独秀で、右側の背の低い人物が彭述之である。これは彼らを知っている人からすれば、苦もなく見分けがつくことだ」

だが、『社会新聞』の新参記者には見分けがつかなかったのか、それとも印刷ミスかで、実際に新聞に掲載された記事では、二人の名前が入れ替わり、右側の人物が陳独秀だとキャプションがついていた。

さて、世界的な「取り違え事件」はそこから始まった。国民政府は陳独秀を犯罪者と

左が本当の陳独秀

して断罪し、新聞や書籍で彼を褒めたたえる記事や写真を掲載することを禁じた。近親者が所有する彼の写真を公表することも許さなかった。
次いで共産党支配の中華人民共和国の時代になると、相次ぐ政治闘争でそれどころではなく、文化大革命の最中にも無論、陳独秀はタブー視されて再検討もなされなかった。
ところが、海外では事情がちがう。戦前戦後を通じて研究者たちは陳独秀に関する研究を進め、各種メディアも折に触れて取り上げる自由があった。だが、論文や記事に写真を添付しようと思ったとき、写真の入手は極めて困難であることが判明した。
〝竹のカーテン〟で覆われた共産中国は鎖国状態にあり、公式ルートを通じて写真を入手できる可能性は皆無に等しかった。陳独秀の知人や親族に接触することも叶わない。そうした時代に唯一入手できたのが、一九三三年発行の『社会新聞』に掲載された一枚の古い写真だった。海外の研究者とメディアはその写真に一斉に飛びついた。

たった一枚の貴重な写真である。無論、写真のキャプションが誤っていることとは露知らず、右側の人物だけを拡大して「陳独秀の顔」として世間に公表した。この「陳独秀」の写真は瞬く間に世界へ広がり、学会で取り上げられ、新聞社や出版社の資料として保管され、中国人物事典にも掲載された。その事典を「孫引き」してさらに多くの事典が出版され、再版された。こうして半世紀以上にわたり、世界は「陳独秀の顔」だと信じ込んだ他人の写真をばら撒きつづけてきたのである。

ちなみに、冒頭にあげた一九九五年の墓苑建設に関する新聞記事も、取り違えられた写真を使っている。世界的に名を知られながら、顔すら知られていない幽霊のような男──それが陳独秀だったのである。

中国での扱われ方は、それ以下だった。

北京の五四大街にある皇城根遺跡公園には「五四運動の石碑」がある。書籍のページを開いて斜めに立てかけたような独特のデザインだが、ページの上には李大釗、蔡元培、毛沢東の三人の半身像が彫り込まれている。魯迅のレリーフもあるが陳独秀の姿はどこにもない。なぜなのか？　それは自国の「偉大な歴史」をほしいままに作り替えるのが中国の伝統であったからだ。

それでも希望はある。中国の近・現代史を正しく解釈しようという意識改革が始まったのは、文化大革命が収束した後の、七九年以降のことだった。「陳独秀研究の地平」（江田憲治著、『トロツキー研究』39）によれば、「一九七九年、北京に集まった研究者たちは、荒野と化した現代史研究の再建を、不当な扱いを受けてきた人々の評価見直しから開始した。その筆頭が陳独秀であった」という。

「陳独秀研究会」も発足し、意欲的な研究は着々と成果を挙げた。陳独秀に貼られたレッテルは段階的に剝がされ、現在ではほとんどが「濡れ衣」であったと実証されるに至った。この時点で、最後まで残ったレッテルは「トロツキスト」という一点だが、それすらも、往年のように絶対的な否定をもって語られることはなくなった。

同論文の著者で京都大学大学院教授の江田憲治氏は、陳独秀についての見解を次のように締めくくっている。

「筆者（江田）は、陳独秀はその『最後の見解』（彼の最晩年の書簡・小論集）にあって、反ファシズム戦争を民主主義のための戦争として戦い、さらに大戦後、プロレタリア独裁ではなくプロレタリア民主主義（思想・出版・スト・選挙の自由と反対党派の存在を認める）と、労働者・民族解放実現の課題を、インターナショナリズムの原点から考え直そうとしていた、と考える。ならば、それは『ブルジョア民主主義への回帰』では決してないし、また『トロツキズムの堅持』でも、その『全国的放棄』でもない。『いかなる主義にも係わらない』と述べた陳独秀は、いかなるレッテルをも峻拒し、自らの思想を独自に組み立てなおすことを目指していたのではないか。不幸にして、彼にその時間は与えられなかったとしても」

ところが、二十一世紀初頭になって、学者たちも驚くような事態がもちあがった。学会ではすでに陳独秀に貼られたレッテルのほぼすべてが取り払われたにも拘らず、国家としての正式な歴史評価を下すことが役目の中国共産党中央党史研究室では、「右傾機会主義」というレッテルを再度貼り付けることに決めたのである。

陳独秀研究者である唐宝林氏は、その経緯を次のように説明する。

「そもそも一九九九年、著名な学者を集めて共産党史の見直しを検討する会議が開かれた。その際『陳独秀を〈正面人物（正当な人物）〉として書き直す』ことが決定された。これで陳独秀に貼られたすべてのレッテルが剝がされるものと思っていた。ところが、二〇〇二年に中国共産党中央党史研究室が刊行した『中国共産党歴史』（第一巻上冊）には、旧版に掲載されていた『陳独秀に代表される右傾機会主義の形成』という記述が削除されずに、依然として掲載されたままになっていた」

つまり、中国の公式見解では、いったんは剝がそうと決めた「右傾投降主義」と「右傾機会主義」というペアになったレッテルを、一度にまとめて剝がすことを撤回して、今回は半分だけ残しておこうと決めたわけである。

この措置について、唐宝林氏は「折衷主義」だとして非難する一方、こう分析する。

「これこそまさに陳独秀が言うように、ここ百五十年来、日本が〝飛ぶ龍〟（の勢いで発展した）であったのに（対して）、中国は〝蟻の歩み〟であったことの根本的な原因である。あの当時、中日両国は西方植民地（主義）者の侵略に対して、同じスタートラインに立っていたはずである。このことからも、中国の〝五四啓蒙運動〟はいまだ完成にはほど遠いということが証明できるのである」（「折衷主義は中国の国民性の欠点――日本の友人

に答える」、唐宝林著、『陳独秀研究動態』、中国現代文化学会陳独秀研究会、安慶市陳独秀学術研究会、二〇〇三年三、四月合刊)。

考えてみれば、悪い冗談のような話である。

過去に自分たちでベタベタ貼り付けたレッテルを、今、引き剝がすことに躍起となり、一度剝がしたものをまた貼り付けたり、折衷案まで飛び出したりして、悪戦苦闘している国家なのである。

その中国の北京で、二〇〇九年春、「中国嘉徳国際拍売有限公司」が主催する大規模な国際競売会が行われた。今回大きな注目を集めたのは、「陳独秀の自筆の手紙十一通」が出品されたことである。台湾で老後を送った胡適が保管していたもので、胡適の死後に親族が遺品を整理していて発見したものだという。

陳独秀が書いた十一通の手紙はいずれも一九二〇年代のものと断定され、草創期の中国共産党史の実態を知るうえで、貴重な資料が新たに見つかったことになった。だが、中国にとっては、ぬか喜びだった。

国際競売会での落札価格は、五百五十万元。アメリカドルで約八十万ドル。日本円にすると約七千二百万円という莫大な値がついたのである。落札者は匿名に徹して表に出ず、中国の国家文物局は貴重な歴史的資料を手に入れそこなって、歯嚙みしたという。陳独秀も草葉の陰から笑っているだろうか。いまだにレッテルを貼られつづける身としては、私信を中国政府に保管されるよりも、民間人にゆだねた方が賢明だと言うかもしれない。

この先、歴史の評価がどう変化していくのかは、誰にもわからない。だが、いつか将来、陳独秀のレッテルがきれいに剝がされ、「濡れ衣」をすっかり脱ぎ捨てたとき、そこには今につながる中国近代史のありのままの姿が、叙事詩のように鮮やかな色彩を帯びて再現されるにちがいない。それと同時に、かつて「知の宝庫」であった日本の姿もまた、雨上がりの嵐山に湧きあがる白い冷気のように、清涼感いっぱいに浮かびあがって来ることだろう。

「知の宝庫」の冷気を胸いっぱいに吸い込んで成長し、泣き、笑い、散っていった幾多の中国人留学生たちがいたことは、過去の記憶だけにとどめておくことではない。そうした留学生の中から、中国共産党を創設したメンバーも生まれ、その後の日中の歴史に大きく係わって来たのである。彼らが切望しながら果たせなかった夢は、中国を過去のくびきから解き放ち、日本と中国の真の提携を取り結ぶことだったのではないだろうか。

いつの日か、そんな彼らの偽りのない姿を、利害も思惑も捨てて、澄んだ目で見つめられる日がやって来ることを願わずにはいられない。彼らの真意を深く理解したとき、きっと彼らが道しるべとなって、日本と中国の歩むべき方向を指し示してくれるような気がするのである。

あとがき

一九八〇年代半ば、広東に住む親戚から聞いた話がある。中国共産党第一回全国代表大会の広東代表で、アメリカのコロンビア大学経済学大学院に留学中だった陳公博の元に手紙が届いた。差出人は、広東の共産党を立ち上げた同志で親友の譚植棠。そこには、「中国共産党が君（陳公博）を除名した」と書かれていた。すると陳公博は、「今頃になって除名しても何の意味もない。私はアメリカへ来る前に、すでに陳独秀へ離党届けを出しているのだ！」と、怒って返事を寄越したという。

その譚植棠ともうひとりの創始者である譚平山は、実は二人とも私とは血縁関係にあり、譚平山は大伯父にあたる。無論、実際に会ったことはないが、共産党誕生時の様々な出来事は今でも一族につたわる伝説になっている。

それにしても、なんとも奇妙な話である。「除名」と「離党」はどれほどちがうのか。なぜ、それほど拘るのか。そう感じていた矢先に、歴史上よく知られた陳独秀の顔写真が他人のものと取り違えられていた事実を知って、衝撃を受けた。中国共産党を作った人たちの中に日本留学経験者が多いのにも驚いた。彼らは日本でどのような体験をし、中国でどう生かしたのか。そう思って調べはじめたのが、本書を書くきっかけである。

この場をお借りして、お世話になった方々にお礼を申し上げたい。京都大学人文科学研究所の石川禎浩准教授には中国共産党成立史の全般にわたってご指導いただいたほか、元中国社会科学院の研究者でイギリス在住の李丹陽女史を紹介していただいた。李書城の孫である李丹陽女史のご教示とご好意によって、さらに李漢俊の孫にあたる武漢在住の甘子久氏と連絡がとれ、遺族としての率直な話をうかがうことができた。慶應義塾大学の長堀祐造教授には大量の資料をお借りしたほか、陳独秀と無政府主義者の思想や動向についてご教示いただいた。中国現代史研究家の三好伸清氏には、陳独秀の写真の取り違え事件について詳細なご指摘をいただき、本書を書くきっかけを作ってくださった。中国現代文化学会・陳独秀研究会の会長で北京在住の唐宝林氏には、陳独秀関係の資料を提供していただいた。

学校法人・暁星学園事務長の齋藤琢朗氏、赤坂維新號の専務取締役の鄭東耀氏と鄭朝霞夫人、尚古集成館館長の田村省三氏、財団法人・海音寺潮五郎記念館理事で鹿児島在

住の林重太氏、鹿児島七高史研究会事務局の平田信芳氏、鹿児島県歴史資料センター黎明館学芸専門員の崎山健文氏には、現地調査で貴重なお話を聞かせていただき、多大なご協力をいただいた。その他にもお世話になったすべての方々に、改めて厚く御礼もうしあげます。

二年以上に及んだ現地調査と資料収集を強力に支え、叱咤激励してくださった新潮社出版部部長の三重博一氏と、徹頭徹尾お世話してくださった新潮新書編集部の内田浩平氏のお力なくしては、とうてい本書を完成することはできませんでした。最後に心から感謝の意を表します。ありがとうございました。

二〇一〇年三月

譚璐美

主な参考文献一覧

【日本語】

●書籍

『上海游記　江南游記』　芥川龍之介著、講談社文芸文庫、二〇〇一年
『周恩来「十九歳の東京日記」』　周恩来著、矢吹晋編、鈴木博訳、小学館文庫、一九九九年
『初期中国共産党群像Ⅰ――トロツキスト鄭超麟回憶録』　鄭超麟著、長堀祐造ら訳、東洋文庫711、平凡社、二〇〇三年
『中国共産党成立史』　石川禎浩著、岩波書店、二〇〇一年
「思い出せない日付」『記念日の創造』　石川禎浩著、小関隆編、人文書院、二〇〇七年
『中国革命への挽歌』　福本勝清著、亜紀書房、一九九二年
『中国人日本留学史』　さねとうけいしゅう著、くろしお出版、一九六〇年
『日本留学と革命運動――比較文化叢書5』　上垣外憲一著、東京大学出版会、一九八二年
『暁星百年史』　記念誌等編纂委員会編纂、学校法人暁星学園、一九八九年
『魯迅　日本という異文化のなかで――弘文学院入学から「退学」事件まで』　北岡正子著、関西大学出版部、二〇〇一年
「南腔北調集」『魯迅全集』第六巻、学習研究社、一九八五年
『中国共産党史の論争点』　韓鋼著、辻康吾編訳、岩波書店、二〇〇八年
「マルクス主義の伝播と中国共産党の結成」『中国国民革命の研究』、石川禎浩著、狭間直樹編、京都大学人文科学研究所、一九九二年
『東京大学百年史』　通史二、東京大学百年史編集委員会編、東京大学出版会、一九八五年
『東京帝国大学一覧』　東京帝国大学編、一九三三年

『第一高等学校六十年史』第一高等学校編、一九三九年
『七高造士館で学んだ人々（名簿編）』七高史研究会、二〇〇〇年
『第七高等学校造士館一覧』第七高等学校造士館編
『北辰斜にさすところ——第七高等学校造士館50年史』作道好男、江藤武人編、財界評論新社、一九七〇年
『早稲田大学百年史』第一、第二巻、早稲田大学大学史編集所編、早稲田大学出版部、一九七八年、八一年
『京都大学経済学部八十年史』京都大学経済学研究科・経済学部学部史編纂委員会編、京都大学経済学部八十周年記念事業実行委員会発行、一九九九年

●論文・雑誌

「中華料理・百科事典」『味の手帖』鄭東静、鄭東耀著、味の手帖、一九九四年
『玉彪』第十二号、第七高等学校造士館東寮、一九三八年発行
『会報』平成六年度（第二十三号）、東京七高会
『早稲田学報』明治十五年二月、大正二年五月、九月、十月、大正三年二月、四月
「魯迅と陳独秀——魯迅の陳独秀観と陳独秀の魯迅観——」『慶應義塾大学日吉紀要　言語・文化・コミュニケーション』34、長堀祐造著、二〇〇五年
「陳独秀研究の地平」『トロツキー研究』39、江田憲治著、トロツキー研究所、二〇〇二年冬号
「魯迅と富田事変（初稿）——江西根拠地におけるAB団粛清問題と毛沢東」『慶應義塾大学日吉紀要　中国研究』第二号、長堀祐造著、二〇〇九年
「インタビュー　中国トロツキストの命運——人民中国に暮らして——」『中国21』14、長堀祐造著、愛知大学現代中国学会編、二〇〇二年
「中国近代史における西郷隆盛像」『東京学芸大学紀要』第三部門社会科学第三十九集、中村義著、一九八七年
「若き日の施存統——中国共産党創立期の『日本小組』を論じてその建党問題に及ぶ」『東洋史研究』第五十三

巻第二号、石川禎浩著、一九九四年
「わが父周佛海」『中央公論』一九九〇年七月号、周幼海述、蔡徳金編、劉傑訳

【中国語】
●書籍
『中国共産党創建史』劉宋斌ら著、福建人民出版社、二〇〇二年
『留学日本時期的周恩来』王永祥主編、中央文献出版社、二〇〇一年
『一大回憶録』知識出版社、一九八〇年
『陳独秀大伝』任建樹著、上海人民出版社、一九九九年
『包恵僧回憶録』包恵僧著、人民出版社、一九八三年
『董必武伝記』胡伝章ら著、湖北人民出版社、一九八五年
『李大釗研究論集』中共北京市委党校科研処編、中国文史出版社、一九八九年
『陳公博全伝』石源華著、台湾・稲郷出版社、中華民国八八年（一九九九年）
『此間曾著星星火——中共創建及中共中央在上海』倪興祥ら編著、北京人民出版社、二〇〇六年
『中共一大代表叢書』（全十三巻）鄭恵ら主編、河北人民出版社、一九九七年
『中共之初』葉永烈著、香港・天地図書、一九九一年
『我的回憶』（全三巻）張国燾著、東方出版社、一九九八年
『張国燾夫人回憶録』楊子烈著、中国問題研究中心編纂、香港・自聯出版社、一九七〇年
『周恩来旅日日記』中共中央文献研究室、中国革命博物館編、中央文献出版社、一九九八年
『求真集——当代著名学者自選集・唐宝林巻』唐宝林著、蘭州大学出版社、二〇〇三年
『陳独秀研究文集』唐宝林主編、香港・新苗出版社、一九九九年
『陳独秀與共産国際　陳独秀研究文集2』唐宝林主編、香港・新苗出版社、二〇〇〇年

『新文化運動前的陳独秀（一八七九年—一九一五年）』 陳萬雄著、香港中文大学出版社、一九七九年
「顚倒的照片必須顚倒過来」『懐旧集』 鄭超麟著、北京・東方出版社、一九九五年
『従陳独秀到毛沢東——中共六任領袖新視角』 馮建輝著、中央文献出版社、一九九八年
『李達評伝』 王炯華ら著、人民出版社、二〇〇四年
『〝一大〟前後』 中国社会科学院現代史研究室、中国革命博物館党史研究室編、人民出版社、一九八〇年〜一九八四年
『中国共産党的創立』 張静如ら著、河北人民出版社、一九八一年
『1921-1933：中共中央在上海』 中共上海市委党史研究室著、中共党史出版社、二〇〇六年
「関与蔣介石二、三事」『寧波文史資料』第四輯 郁輔祥著、中国人民政治協商会議寧波市委員会文史資料研究委員会編、一九八六年

●雑誌・論文

「陳独秀与日本」、香港『百年潮』、唐宝林著、二〇〇七年
「日本第一人述」『游学訳編』第三、四、五冊
「革命逸史」『逸経』第三十一期、中国資料叢書7、馮自由著
「ＩＷＷ概要」『星期評論』第三十三号、李漢俊著
「関于李漢俊対馬克思主義著作翻訳情況的探討」李丹陽著（未刊稿）
「李漢俊被党除名之探討」田子渝著（李丹陽女史提供）

譚璐美　1950（昭和25）年東京生まれ。ノンフィクション作家。中国人の父と日本人の母の間に生まれる。慶應義塾大学文学部卒業。著書に『阿片の中国史』『中国共産党 葬られた歴史』など。

Ⓢ新潮新書

359

中国共産党《ちゅうごくきょうさんとう》を作《つく》った13人《にん》

著　者　譚璐美《たんろみ》

2010年4月20日　発行

発行者　佐藤隆信

発行所　株式会社新潮社

〒162-8711　東京都新宿区矢来町71番地
編集部(03)3266-5430　読者係(03)3266-5111
http://www.shinchosha.co.jp

印刷所　大日本印刷株式会社

製本所　憲専堂製本株式会社

ISBN978-4-10-610359-9　C0222

Ⓢ新潮新書

133 阿片の中国史 譚璐美

169 貝と羊の中国人 加藤徹

014 日中ビジネス摩擦 青樹明子

111 ジャンケン文明論 李御寧《イー・オリョン》

301 中華美味紀行 南條竹則

阿片という麻薬に、これほど蹂躙された国は世界史の中でも例がない。玄宗帝から毛沢東までの一二〇〇年、どのように伝わり、浸透したのか？　アジアの歴史を一変させた悪魔の物語。

財、貨。義、善。貝と羊がつく漢字には、二つの祖先から受け継いだ中国人の原型が隠れている。漢字、語法、流民、人口、英雄、領土、国名の七つの視点から読み解く画期的中国論。

この教訓に学べ！　民族差別、摸造品、行政処罰など、なぜ中国進出企業はトラブルに襲われるのか。豊富な具体例で背景を探り、日中ビジネスの明日を示す。

アジア人よ、エレベーターから降りよ！　西洋型の二者択一から脱し、三者共存のジャンケン・コードを応用すれば、日・中・韓の三国関係に、衝突から循環への新文明が見えてくる。

時に「小林秀雄の蟹まんじゅう」を求めて揚州の小路に入り、時に変わりゆく北京下町のもつ煮屋で浅草を思う——。無類の中華通が縦横無尽の食べ歩きで出会った「ホンモノ」の数々！